Computer Bild

Computent statt compliziert

Prinz & Müller

Internet Explorer 5

Schritt für Schritt ins Internet

6 E-Mails Elektronische Nachrichten schreiben 63

7 Newsgroups In Diskussionsforen stöbern 82

Anhang 98

Thomas Hoffmann
Herausgeber

Zu diesem Buch

Die rasche Verbreitung des Internet Explorers zeigt einmal mehr die Marktmacht des Software-Riesen Microsoft. Seit der Integration dieses ehemals reinen Internet-Anzeigeprogramms in Windows 98 hat das Redmonder Unternehmen je nach Marktforschungsinstitut zum bisherigen Marktführer in dieser Software-Sparte, Netscape mit seinem „Navigator" beziehungsweise „Communicator", entweder aufgeschlossen oder diesen sogar schon überholt. Ob die technische Verquickung mit Windows für Microsoft ein kluger Schachzug war, entscheiden US-Gerichte. Der Vorwurf: Mißbrauch einer marktbeherrschenden Stellung.

In diesem Buch geht es jedoch nicht um die rechtliche oder ethische Wertung von Microsofts Produktpolitik, sondern um den Internet Explorer 5. Und zwar um die eigentlichen Aufgaben dieses Internet-Programms: Sie erfahren Schritt für Schritt, wie Sie mit dem Internet Explorer direkt aus Windows heraus im Datennetz stöbern, elektronische Post versenden (und empfangen) sowie am Meinungsaustausch in weltweiten Diskussionsgruppen teilnehmen und noch einiges mehr.

Ein Rat zum Schluß: Auch wenn die Sicherheitsprobleme, die bei Internet-Programmen immer wieder aufgedeckt werden, manchem übertrieben vorkommen, empfehle ich Ihnen, die entsprechenden Fehlerkorrektur-Programme zu installieren, damit Ihr Computer im Datennetz nicht womöglich torweit offen steht. Solche sogenannten „Updates" zum Internet Explorer finden Sie am schnellsten auf den Microsoft-Internet-Seiten *www.microsoft.com* beziehungsweise *www.microsoft.de*.

1 Der Internet Explorer im Überblick

Für das weltweite Internet kursieren mittlerweile verschiedene Begriffe. Man redet vom Information Highway, von der Datenautobahn, vom globalen Dorf oder vom Netz der Netze. Welchen Begriff Sie auch bevorzugen: In den meisten Fällen ist das sogenannte World Wide Web, die bunte und teilweise schrille Multimedia-Abteilung im Internet, gemeint. Um durch die World-Wide-Web-Seiten stöbern zu können - man spricht auch vom „Surfen" - benötigen Sie einen sogenannten Browser. Der Internet Explorer ist ein solcher Browser, der die mehreren Millionen Seiten des World Wide Web auf Ihrem Bildschirm sichtbar macht. Er ist praktisch Ihr Fenster zum World Wide Web.

Kapitel-Wegweiser

Das kann der Internet Explorer

Der Internet Explorer ist ein sogenannter **Browser**, ein Programm zur optimalen Darstellung von World-Wide-Web-Seiten. Das Prinzip ist einfach: Sie stellen eine Verbindung zum Internet her, der Internet Explorer nimmt die Daten, die über Ihre Telefonleitung in Ihren Computer gelangen, entgegen und baut aus dem „Datensalat" optisch ansprechende Web-Seiten zusammen. Im Grunde arbeitet der Internet Explorer also wie ein Fernseher für das weltweite Internet.

Kanäle

Der Vergleich mit einem Fernseher ist gar nicht so abwegig. Mit dem Internet Explorer können Sie sogenannte **Kanäle** (Channels) abonnieren, beispielsweise von Pro7 oder der Zeitschrift „Stern". Dank der Kanäle werden Sie automatisch über Neuigkeiten des jeweiligen Kanals informiert. Sie brauchen die Internet-Seite des „Stern" also nicht ausdrücklich aufzurufen, sondern erhalten die neuesten Informationen frei Haus, und das sogar kostenlos (abgesehen von den Telefongebühren).

Elektronische Nachrichten

Der Internet Explorer kann aber noch mehr. Neben dem eigentlichen Browser liegen dem Internet Explorer weitere Zusatzprogramme bei. Allen voran Outlook Express. Hierbei handelt es sich um ein Programm, mit dem Sie **elektronische Nachrichten** empfangen und verschicken können. So können Sie jedem, der über eine **E-Mail-Adresse** verfügt, eine sogenannte E-Mail zukommen lassen - aber auch selber digitale Post erhalten. Diese lesen, beantworten und speichern Sie dann im Outlook Express.

Newsgroups – Digitale schwarze Bretter

Es geht noch weiter: Mit Outlook Express können Sie auch in sogenannten **Newsgroups** stöbern; das sind digitale schwarze Bretter, auf denen Sie sich mit anderen Internet-Anwendern über „Gott und die Welt" unterhalten können. Über 15000 verschiedene schwarze Bretter stehen zur Verfügung.

Auch das Prinzip der schwarzen Bretter ist recht einfach: Sie haben die Möglichkeit, auf eine Nachricht, die am schwarzen Brett „hängt", zu antworten und die Antwort praktisch unter die Originalnachricht zu hängen. Sie können aber auch eine neue Diskussion beginnen, an der sich dann andere Newsgroup-Leser, die Interesse an dem Thema haben, beteiligen. Auf diese Weise kann schnell eine lebhafte Diskussion über die verschiedensten Inhalte in Gang kommen.

Der Bildschirm des Internet Explorers

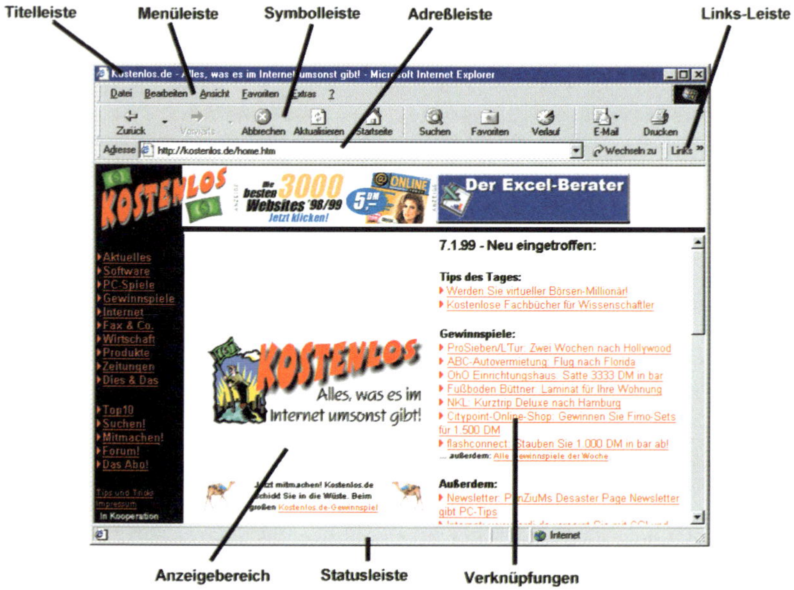

- Ganz oben sehen Sie die *Titelleiste*. Direkt darunter befinden sich die *Menüleiste* und die *Symbolleiste* mit unterschiedlichen Schaltflächen für häufig benötigte Befehle.

- Unterhalb der Symbolleiste finden Sie das wichtigste Element, die *Adreßleiste*. Hier tragen Sie die Adresse der World-Wide-Web-Seite ein, die Sie ansehen möchten. Rechts neben der Adreßleiste ist die *Links-Leiste*, die auch schon mal am rechten Rand verkleinert dargestellt wird. Auf der Links-Leiste finden Sie Schaltflächen, die Sie direkt zu den wichtigsten und interessantesten Seiten im World Wide Web bringen.

- Den größten Teil des Fensters nimmt der *Anzeigebereich* ein. Hier erscheinen die eigentlichen World-Wide-Web-Seiten. Von hier aus gelangen Sie per Mausklick auf *Verknüpfungen* zu weiteren Unterseiten oder anderen World-Wide-Web-Angeboten. Keine World-Wide-Web-Seite gleicht der anderen; daher sieht dieser Bereich bei fast jeder Web-Seite anders aus.

- Am unteren Fensterrand ist die *Statusleiste* zu sehen. Hier erhalten Sie in der Regel wichtige Informationen zum aktuellen Stand. Beispielsweise zeigt Ihnen der Internet Explorer hier, wie weit der Verbindungsaufbau zu einer Seite bereits gediehen ist oder wieviel Prozent einer Seite bereits übertragen wurden.

Den Internet Explorer aus dem Internet herunterladen und installieren

Die amerikanische Firma Microsoft stellt den Internet Explorer kostenlos im Internet zur Verfügung. Jeder kann sich das Programm von den Internet-Seiten der Firma auf den eigenen Computer herunterladen.

Allerdings befinden Sie sich dabei in einer Zwickmühle: Um die **Browser** (so nennt man die Programme zur Darstellung von Internet-Seiten) herunterladen zu können, muß auf Ihrem Computer bereits ein Browser installiert sein. Dabei kann es sich auch um eine ältere Version des Internet Explorers handeln oder sogar um ein Konkurrenzprodukt wie den Netscape Navigator.

Falls auf Ihrem Computer jedoch noch kein Browser installiert ist, müssen Sie die folgenden Schritte auf dem Computer eines Bekannten durchführen, der bereits über den Internet Explorer verfügt.

1 Stellen Sie zunächst eine Telefonverbindung zum Internet her. Wenn Sie – wie im nächsten Kapitel beschrieben – eine **DFÜ-Netzwerkverbindung** für den Internet-Zugang eingerichtet haben, klicken Sie unten links auf die Schaltfläche

und anschließend auf

.

Klicken Sie im nächsten Untermenü auf den Eintrag

.

Nun erscheint ein weiteres Untermenü, in dem Sie auf den Befehl

und danach auf den Befehl

klicken.

2 Anschließend klicken Sie doppelt, also zweimal kurz hintereinander, auf das DFÜ-Netzwerksymbol, das Sie für den Internet-Zugang eingerichtet haben, etwa auf

.

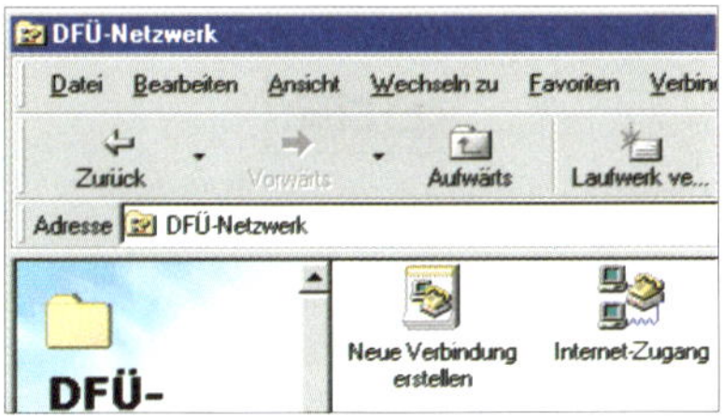

3 Im nachfolgenden Dialogfenster geben Sie Ihre persönlichen Zugangsinformationen ein. Klicken Sie auf das oberste Eingabefeld, und tippen Sie den Benutzernamen ein, den Sie von Ihrem Internet-Anbieter erhalten haben (siehe auch „Einen Internet-Anbieter finden“ auf Seite 19 und „Wichtige Informationen für den Internet-Zugang“ auf Seite 20). Klicken Sie anschließend auf das Eingabefeld rechts neben

, und tragen Sie das Zugangskennwort ein.

4 Daraufhin klicken Sie auf die Schaltfläche

. Im Statusfenster, das sich dann öffnet, können Sie den Fortschritt des Verbindungsaufbaus verfolgen. Sobald die Internet-Verbindung steht, können Sie mit dem Herunterladen des Internet Explorers 5.0 beginnen.

5 Wenn auf Ihrem Computer Windows 98 installiert ist, klicken Sie zunächst auf die Schaltfläche

und anschließend auf den Befehl

. Windows startet daraufhin die „alte“ Version Ihres Internet Explorers und verbindet Sie mit der Windows-Update-Seite von Microsoft.

Sollte auf Ihrem Computer Windows 95 installiert sein, müssen Sie die Windows-Update-Seite manuell aufrufen. Starten Sie hierzu die bislang installierte Version des Internet Explorers, indem Sie auf die Schaltfläche

klicken und im Start-Menü die Befehle

,

und

wählen. Klicken Sie im Internet Explorer auf das Eingabefeld

, und tippen Sie die Adresse

ein. Bestätigen Sie die Eingabe mit

.

Microsoft Windows Update - Microsoft Interne
Datei Bearbeiten Ansicht Favoriten Extras
Zurück Vorwärts Abbrechen Aktualisi
Adresse http://windowsupdate.microsoft.com
Microsoft

6 Auf der Windows-Update-Seite klikken Sie zunächst auf die blaue Verknüpfung

PRODUKTUPDATES.

Herzlich willkommen bei Windows Update
Die Online-Erweiterung von Windows, die Ihnen dabei hilft, die Mö
Ihres Computers in vollem Umfang zu nutzen. Klicken Sie auf Übe
Update, wenn Sie weitere Informationen hierzu erhalten möchten
PRODUKTUPDATES
Hier können Sie die neuesten Updates für Ihren Computer downlo
installieren.

7 Es erscheint ein Dialogfenster. Klicken Sie hier auf die Schaltfläche

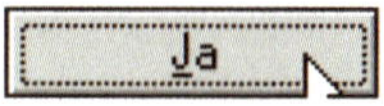
Ja

.

Windows überprüft daraufhin, welche Windows-Komponenten auf Ihrem Computer installiert sind, dazu zählt auch die installierte Version des Internet Explorers.

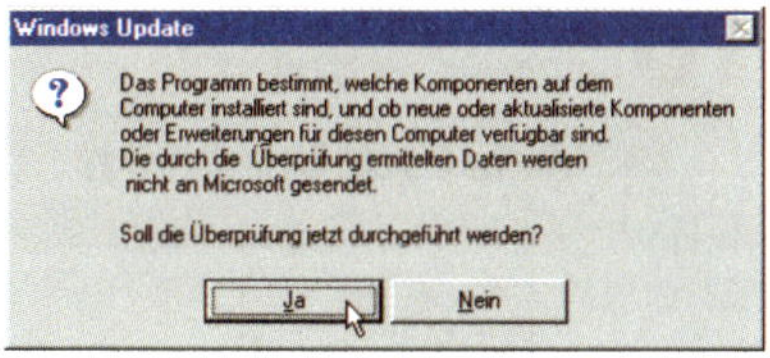
Windows Update
Das Programm bestimmt, welche Komponenten auf dem Computer installiert sind, und ob neue oder aktualisierte Komponenten oder Erweiterungen für diesen Computer verfügbar sind.
Die durch die Überprüfung ermittelten Daten werden nicht an Microsoft gesendet.
Soll die Überprüfung jetzt durchgeführt werden?
Ja
Nein

! Dynamische Seiten

Achtung: Das Internet ist ein äußerst dynamisches, also ständig im Wandel begriffenes Medium. Der Aufbau einer Internet-Seite kann sich demzufolge täglich ändern. Nicht selten ändert Microsoft den Aufbau der Seiten, so daß die hier vorgestellten Beschreibungen eventuell nicht mehr exakt stimmen. Wenn dies der Fall sein sollte, halten Sie sich am besten an die Anweisungen auf den World-Wide-Web-Seiten von Microsoft. Mitunter können Sie die Schritte 6 bis 8 überspringen, indem Sie – wie in Schritt 5 beschrieben – direkt die Internet-Adresse

www.microsoft.com/ie_intl/de/ie40/download

eingeben.

8 Auf der nachfolgenden Seite präsentiert der Internet Explorer das Ergebnis und bietet Ihnen – je nach Konfiguration Ihres Computers – verschiedene Software-Komponenten an, die Sie herunterladen können. Suchen Sie auf der Seite nach dem Eintrag

Internet Explorer 5 und Internettools.

Blättern Sie gegebenenfalls mit der [Bild ↓]-Taste nach unten. Kreuzen Sie die Option

Internet Explorer 5 und Internettools

an, indem Sie auf das Kontrollkästchen davor klicken. Daraufhin erscheint ein kleines Häkchen im Kontrollkästchen.

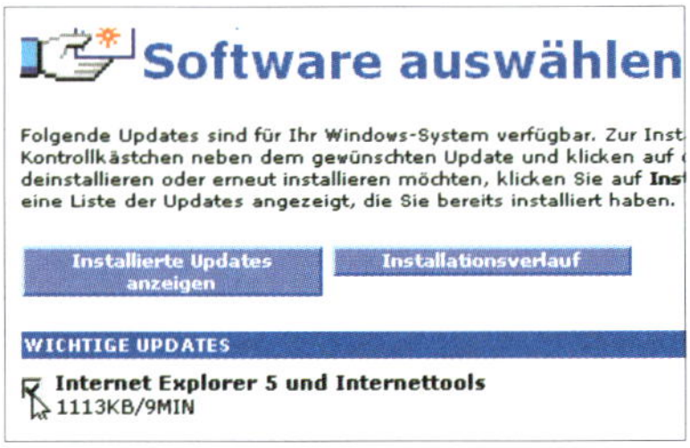
Software auswählen
Folgende Updates sind für Ihr Windows-System verfügbar. Zur Inst
Kontrollkästchen neben dem gewünschten Update und klicken auf
deinstallieren oder erneut installieren möchten, klicken Sie auf Ins
eine Liste der Updates angezeigt, die Sie bereits installiert haben.
Installierte Updates anzeigen
Installationsverlauf
WICHTIGE UPDATES
Internet Explorer 5 und Internettools
1113KB/9MIN

9 Klicken Sie oben rechts auf die Schaltfläche **Download**, um mit der Installation des Internet Explorers 5.0 fortzufahren.

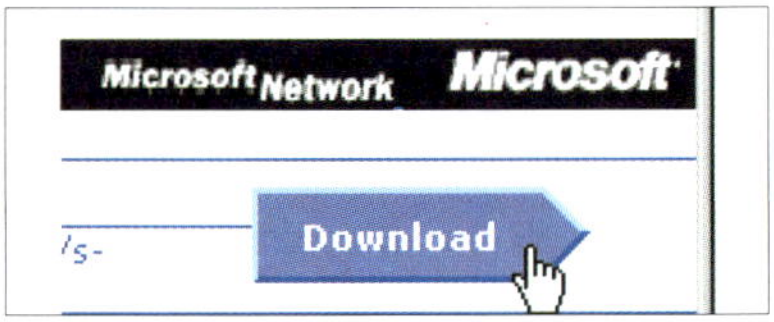
Microsoft Network
Microsoft
Download

10 Im nächsten Fenster erhalten Sie noch einmal eine Checkliste der herunterzuladenden Dateien:

Produktupdates
Downloadcheckliste
1
Auswahl bestätigen
Sie haben sich für die folgende Software für die Installation entschie
Komponenten, die Sie nicht installieren möchten, durch Deaktivierer
aufheben.
Gesamtgröße: 461KB Downloadzeit: 0Std 3MIN bei Verwendung ein
Internet Explorer 5 und Internettools 461KB/3MIN
2
Anweisungen anzeigen?
Sie können eine zusammengefasste Anweisungsseite für alle zur Ins
anzeigen. Diese Anweisungen können Sie zum späteren Nachschlag
Anweisungen anzeigen
3
Download starten
Oben angezeigte Software downloaden und installieren.

Beginnen Sie mit dem Herunterladen, indem Sie auf

Download starten

klicken.

11 Anschließend erscheint ein Statusfenster, in dem Sie den Verlauf des Ladevorgangs und der gesamten Installation verfolgen können.

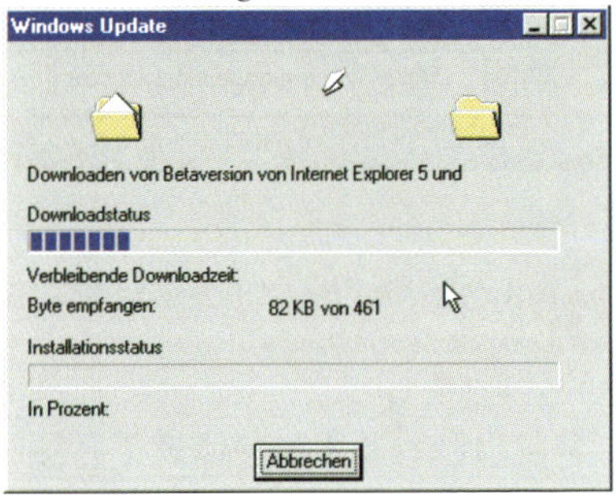
Windows Update
Downloaden von Betaversion von Internet Explorer 5 und
Downloadstatus
Verbleibende Downloadzeit:
Byte empfangen:
82 KB von 461
Installationsstatus
In Prozent:
Abbrechen

12 Sobald der Ladevorgang abgeschlossen wurde, startet das eigentliche Installationsprogramm des Internet Explorers 5.0. Im ersten Fenster des Installationsprogramms

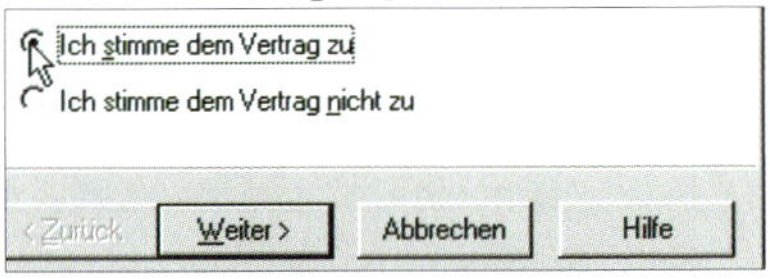
Ich stimme dem Vertrag zu
Ich stimme dem Vertrag nicht zu
< Zurück
Weiter >
Abbrechen
Hilfe

klicken Sie auf das Optionsfeld

Ich stimme dem Vertrag zu

und anschließend auf

Weiter >.

13 Im nachfolgenden Fenster markieren Sie die Option

Jetzt installieren

und klicken danach erneut auf die Schaltfläche **Weiter >**.

Jetzt installieren - Typische Komponenten - 18.7 MB
(Geschätzte Downloadzeit mit einem 28.8 Kbps Modem: 2 S
Typisch enthält: Internet Explorer 5-Webbrowser, Outlook E:
Player und andere Multimedia-Erweiterungen.Internet Explor
installiert: "C:\Programme\Internet Explorer"

14 Windows beginnt daraufhin mit der eigentlichen Installation des Internet Explorers. Im Statusfenster haben Sie stets im Blick, wie weit der Installationsvorgang bereits gediehen ist.

Windows Update-Status:
Download der Komponenten
Installieren der Komponenten
Optimierung des Systems
Details
Downloaden von Internet Explorer 5 Web Browser...
Downloaden von
498 KB von 19196 KB empfangen - 54 Minuten verbleiben

Je nach Geschwindigkeit Ihres Internet-Zugangs kann die komplette Installation bis zu 90 Minuten dauern.

15 Nachdem die Installation abgeschlossen ist, müssen Sie den Computer neu starten. Klicken Sie hierzu im Installations-Assistenten auf die Schaltfläche 
Fertig stellen
.

Windows Update: Internet Explorer 5 und Internet-Programme
Neustart des Computers
Speichern Sie Ihre Änderungen und schließen Sie alle Applikationen bevor Sie Ihre Arbeit fortsetzen.
Vielen Dank für die Verwendung von Microsoft-Produkten.
Um Windows Update zukünftig erneut zu installieren, führen Sie "ie5setup.exe" im Ordner "C:\Windows Update Setup Files" aus.
Fertig stellen

Das Installationsprogramm startet den Computer daraufhin neu. Nach dem Neustart können Sie mit dem Internet Explorer 5.0 auf die Datenreise durch das World Wide Web gehen.

2 Verbindung zum Internet herstellen

Das Internet ist das größte Netzwerk der Welt, in dem schätzungsweise 30 Millionen Computer miteinander verbunden sind. Sobald Sie mit Windows eine Verbindung zum Internet aufbauen, gehört Ihr Computer ebenfalls zu dieser Gemeinde, wenn auch nur für kurze Zeit.

Damit Ihr Computer Teil des Internets werden kann, müssen Sie allerdings zuerst einen sogenannten Internet-Anbieter finden, der Ihrem Computer den Weg ins Netz der Netze ebnet. Vom Internet-Anbieter erhalten Sie auch die notwendigen Einstellungen und Benutzernamen für den Zugang. Das Prinzip ist dann einfach: Ein Assistent führt Sie Schritt für Schritt durch die einzelnen Installationsetappen. Sobald Sie alle notwendigen Informationen angegeben haben, können Sie auch schon loslegen und mit dem Internet Explorer das Netz der Netze auf eigene Faust erforschen.

Kapitel-Wegweiser

Voraussetzungen für den Internet-Zugang

Windows hat bereits alle Werkzeuge von Haus aus an Bord, damit Sie bequem im Internet stöbern, man sagt auch „surfen", können. Bevor Sie sich jedoch mit Windows auf die Reise ins Internet begeben, müssen Sie einige Grundvoraussetzungen erfüllen. Überprüfen Sie vor der Installation und Einrichtung des Internet-Zugangs, ob Sie richtig ausgerüstet sind:

Installiertes Modem - Der Zugang zum Internet erfolgt in der Regel per **Modem**. Falls Sie noch kein Modem installiert haben, sollten Sie die Installation so bald wie möglich nachholen. Weitere Informationen hierzu finden Sie weiter unten im Abschnitt „Das Modem installieren".

DFÜ-Netzwerk - Der Kontakt zum **Internet-Provider** erfolgt mit Hilfe des **DFÜ-Netzwerks** von Windows 98. Sollte das DFÜ-Netzwerk noch nicht installiert sein, müssen Sie es ebenfalls nachträglich einrichten. Weitere Informationen hierzu bietet der Abschnitt „Das DFÜ-Netzwerk von Windows installieren" auf der nächsten Seite.

TCP/IP-Netzwerkprotokoll - Intern kommunizieren die Computer des World Wide Web mit Hilfe des sogenannten **TCP/IP-Protokolls**. Daher muß auch Ihr Computer mit diesem Protokoll ausgestattet sein. Weitere Informationen zur Installation des TCP/IP-Protokolls erhalten Sie im Abschnitt „Das TCP/IP-Protokoll installieren".

Internet-Provider - Den Zugang zum weltweiten Internet ermöglichen sogenannte Internet-Provider. Diese erheben entweder eine monatliche Pauschale oder zeit- beziehungsweise volumenabhängige Gebühren. Im letzten Fall hängen die monatlichen Kosten davon ab, wie lange Sie im Internet „surfen" oder wie viele Daten über die Telefonleitung gehen. Alternativen zu klassischen Internet-Providern bilden Online-Dienste wie T-Online, CompuServe oder MSN (Microsoft Network), die ebenfalls Zugänge zum Internet herstellen können. Weitere Informationen zu den Internet-Anbietern finden Sie im Abschnitt „Einen Internet-Anbieter finden".

Das Modem installieren

Wenn Sie das Modem noch nicht installiert, also bei Windows angemeldet haben, können Sie das jederzeit nachholen.

1 Schließen Sie das Modem zunächst an die serielle Schnittstelle (COMx) Ihres Computers an. Klicken Sie in Windows unten links auf die Schaltfläche

und anschließend auf

und **Systemsteuerung**.

2 Klicken Sie im nächsten Fenster doppelt, also zweimal kurz hintereinander, auf das Symbol **Modems**.

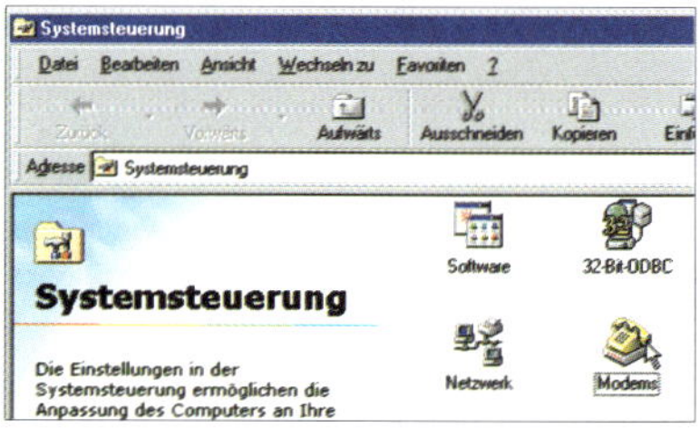

3 Wenn die Liste des nachfolgenden Dialogfensters leer sein sollte, ist das angeschlossene Modem noch nicht angemeldet. Taucht in der Liste jedoch ein Eintrag auf, zum Beispiel

Creatix SG 2834,

ist das Modem bereits richtig angemeldet. Sie können das Dialogfenster dann per Mausklick auf die Schaltfläche

Abbrechen

verlassen und mit dem Abschnitt „Einen Internet-Anbieter finden“ fortfahren.

Sollte in der Liste allerdings noch kein Modem auftauchen, betätigen Sie die Schaltfläche **Hinzufügen...**.

4 Klicken Sie im nächsten Dialogfenster auf die Schaltfläche

Weiter >.

Windows überprüft daraufhin das angeschlossene Modem und ermittelt Hersteller sowie Modell.

5 Im folgenden Fenster präsentiert Windows das Ergebnis der Suche. Klicken Sie auf die Schaltfläche

Weiter >,

um mit der Installation fortzufahren.

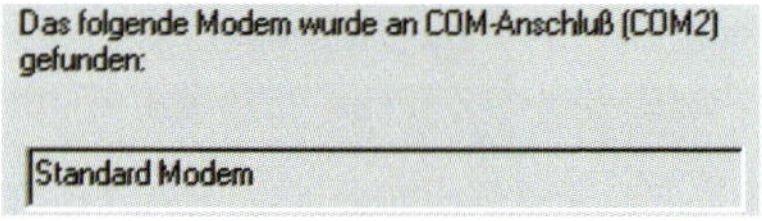

6 Wenn Sie nun auch im nächsten Fenster auf die Schaltfläche

Weiter >

klicken, ist die Installation des Modems beendet. Klicken Sie auf die Schaltfläche

Schließen,

um auch das Fenster

Eigenschaften für Modems

zu verlassen.

Das DFÜ-Netzwerk von Windows installieren

Bei einigen Windows-Installationen wird das DFÜ-Netzwerk von Windows nicht automatisch mit eingerichtet. Sie können es aber jederzeit nachträglich installieren.

1 Überprüfen Sie zunächst, ob das DFÜ-Netzwerk auf Ihrem Computer bereits installiert ist oder nicht. Klicken Sie hierzu unten links auf die Schaltfläche

Start

und anschließend auf

Programme.

Klicken Sie im nächsten Untermenü auf den Eintrag Zubehör

und danach auf

Kommunikation.

Es erscheint ein weiteres Untermenü. Wenn hier der Befehl

DFÜ-Netzwerk

auftaucht, ist das DFÜ-Netzwerk schon auf Ihrem Computer installiert.

2 Fehlt der Befehl

DFÜ-Netzwerk,

müssen Sie das DFÜ-Netzwerk nachinstallieren. Hierzu klicken Sie in Windows unten links auf die Schaltfläche

Start

und anschließend auf

Einstellungen

und Systemsteuerung.

3 Klicken Sie im nachfolgenden Fenster doppelt auf das Symbol

Software.

4 Im nächsten Fenster klicken Sie auf die Registerkarte

Windows-Setup.

Markieren Sie anschließend in der Liste

Komponenten:

den Eintrag

Verbindungen,

indem Sie die Zeile mit der [↓]-Taste auswählen.

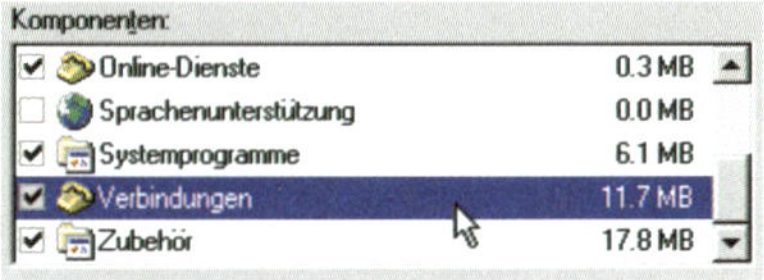

5 Nun klicken Sie auf die Schaltfläche

Details....

Kreuzen Sie im nächsten Fenster die Option

DFÜ-Netzwerk

an, indem Sie auf das Kästchen ☐ vor der Option klicken. Bestätigen Sie die Auswahl per Mausklick auf die Schaltfläche

OK.

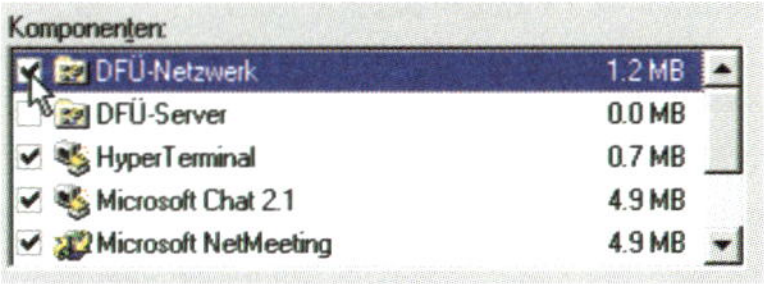

6 Legen Sie die Windows-CD-ROM in Ihr CD-ROM-Laufwerk ein, und klikken Sie erneut auf die Schaltfläche

.

Windows kopiert daraufhin die notwendigen Dateien auf die Festplatte und installiert das DFÜ-Netzwerk. Sobald die Installation abgeschlossen ist, fordert Windows Sie auf, den Computer neu zu starten.

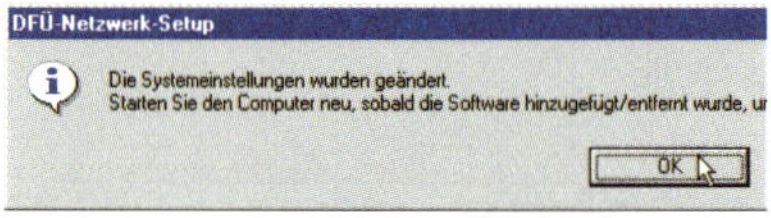

Klicken Sie auf

, um den Neustart einzuleiten. Nun erscheint ein weiteres Dialogfenster

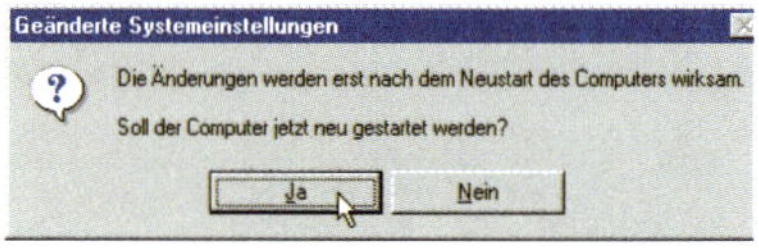

, das Sie per Mausklick auf die Schaltfläche

bestätigen. Unmittelbar danach startet Windows den Computer neu.

Das TCP/IP-Protokoll installieren

Damit Ihr PC mit den anderen Computern des World Wide Web kommunizieren kann, muß auf Ihrem Computer das TCP/IP-Netzwerkprotokoll installiert sein.

1 Überprüfen Sie zunächst, ob das Protokoll bereits installiert ist oder nicht. Klicken Sie in Windows unten links auf die Schaltfläche

und anschließend auf

und

2 Im nachfolgenden Dialogfenster klikken Sie doppelt, also zweimal kurz hintereinander, auf das Symbol

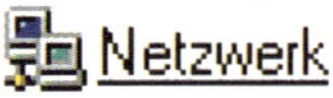

.

3 Überprüfen Sie im nächsten Fenster, ob in der Liste

der Eintrag

, auftaucht. Wenn dies der Fall sein sollte, ist das Protokoll schon installiert. Sie können dann die nachfolgenden Schritte überspringen und mit dem Abschnitt „Einen Internet-Anbieter finden“ fortfahren.

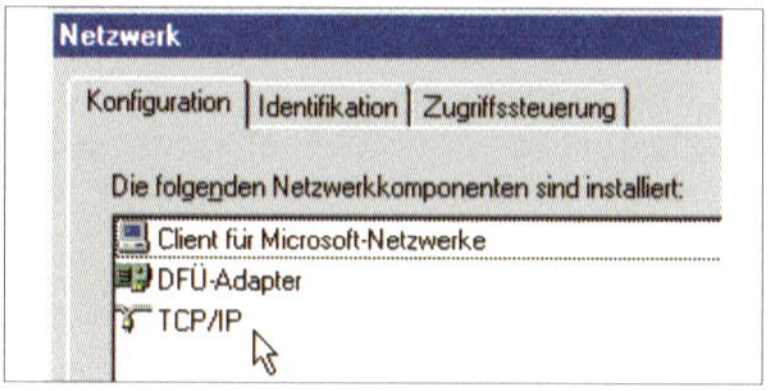

4 Falls der Eintrag fehlt, müssen Sie das Protokoll nachinstallieren. Hierzu klicken Sie zunächst auf die Schaltfläche

,

im dann folgenden Fenster auf

und anschließend auf die Schaltfläche

.

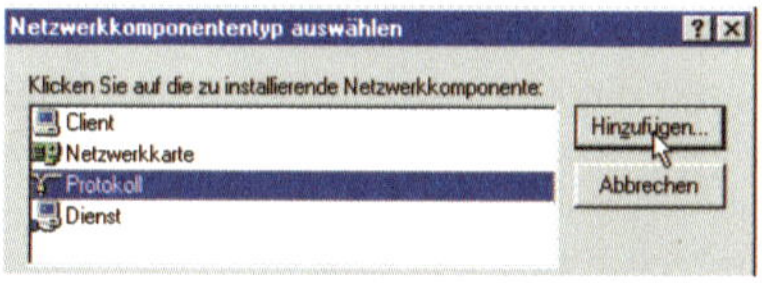

5 Wenn Sie nun im nächsten Dialogfenster links auf

und rechts auf

klicken, müssen Sie die Auswahl per Mausklick auf

bestätigen.

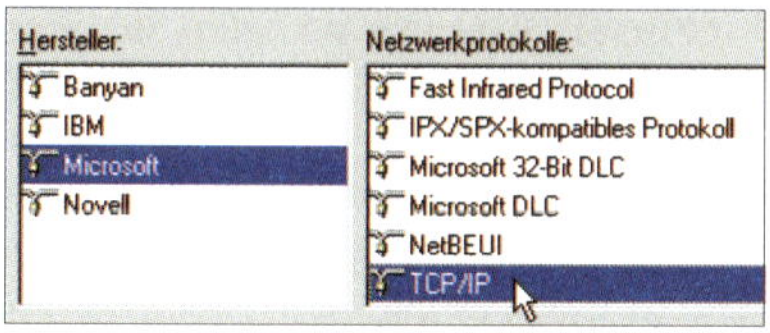

6 Legen Sie die Windows-CD-ROM in das CD-ROM-Laufwerk ein, und klikken Sie auf die Schaltfläche

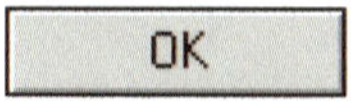

.

Windows kopiert anschließend die notwendigen Dateien auf die Festplatte. Sobald die Installation abgeschlossen ist, fordert Windows Sie auf, den Computer neu zu starten. Klicken Sie hierzu auf die Schaltfläche

.

Einen Internet-Anbieter finden

Für den Zugang zum Internet benötigen Sie einen sogenannten Provider, der Ihnen den Weg ins Internet ebnet, also die notwendigen Zugangsmöglichkeiten verschafft. Wer noch nicht über einen Internet-Provider verfügt, hat die Qual der Wahl zwischen verschiedenen bekannten Internet-Anbietern:

Arcor	0180/28044
CompuServe	0130/3732
T-Online	0130/0190
UUnet GmbH	0231/97200
Fibronics GmbH	06074/49940
GTN GmbH	0203/3093100
IBM Deutschland	0130/821141
Internet Services	040/766291623
Nacamar GmbH	06103/99010
NTG/Xlink GmbH	0721/96520
TopNet	02151/497510
Viag Interkom	0800/1090000

! Keinen Internet-Anbieter gefunden?

Sollten Sie für den Internet-Zugang noch keinen Internet-Anbieter haben, können Sie auf die Zugangsmöglichkeiten einiger privater Telefongesellschaften zurückgreifen. Mannesmann Arcor bietet beispielsweise den Dienst „Internet by Call" an, mit dem Sie – ohne einen Vertrag unterschreiben zu müssen – sofort Zugang zum Internet erhalten – allerdings zu einem saftigen Preis von 16 Pfennig pro Minute (inklusive Telefongebühren, Stand: Dezember 1998). Die Abrechnung erfolgt über Ihre Telefonrechnung. Die bundesweit einheitliche Einwahlnummer von „Internet by Call" lautet 01070/0192070, als Benutzername verwenden Sie „arcor", als Kennwort „internet".

Wichtige Informationen für den Internet-Zugang

Egal, für welchen Internet-Anbieter Sie sich entscheiden, allen Providern ist gemeinsam: Bevor Sie sich mit dem Internet verbinden können, benötigen Sie vom Anbieter genaue Informationen über den jeweiligen Internet-Zugang:

Rufnummer: Die Telefonnummer des Einwahlknotens; in der Regel sollte der Einwahlknoten in der günstigen Ortstarifzone liegen. Die meisten überregional tätigen Internet-Anbieter bieten einen flächendeckenden Zugang zum Internet.

Benutzername: Um sich beim Internet-Anbieter zu identifizieren, benötigen Sie einen Benutzernamen sowie ein Zugangspaßwort.

Neben den oben genannten Informationen, die für den Internet-Zugang grundsätzlich unabdingbar sind, müssen Sie bei einigen Anbietern noch folgende Punkte erfragen:

Domain-Name: Jeder Internet-Computer gehört einer sogenannten Domäne an. Eine Domäne ist in diesem Fall ein Zusammenschluß mehrerer Computer unter einem Namen. Alle Internet-Computer des Computer-Herstellers IBM gehören beispielsweise der Domäne ibm.com an, die Microsoft-Rechner sind Mitglied der Domäne microsoft.com.

DNS-Adresse: Um Internet-Namen, wie www.kostenlos.de, in entsprechende **IP-Adressen** umzuwandeln, verfügt Ihr Internet-Anbieter über einen **DNS-Server** (Domain Name System), auch Namensserver genannt. Erkundigen Sie sich nach der IP-Adresse des DNS-Servers.

Eigene IP-Adresse: Verfügen Sie beim Internet-Provider über eine statische IP-Adresse, oder erhalten Sie bei jeder Anwahl dynamisch eine neue IP-Adresse? Jeder Computer im Internet benötigt eine weltweit eindeutige IP-Adresse, damit er „adressiert“ werden kann, beispielsweise 194.120.112.219. Wenn Ihr Internet-Anbieter mit dynamischen IP-Adressen arbeitet, erhalten Sie die Adresse nur für die Zeit, die Ihr Computer mit dem Netzwerk des Internet-Anbieters verbunden ist. In dem Moment, da Sie sich abmelden, wird die dynamische Adresse wieder frei und kann einem anderen Kunden zugewiesen werden. Sie erhalten also bei jedem Anruf eine IP-Adresse, die gerade unbenutzt ist.

Eine Verbindung zum Internet einrichten

Sobald Sie die oben genannten Voraussetzungen geschaffen und die notwendigen Auskünfte Ihres Internet-Anbieters eingeholt haben, können Sie mit der Einrichtung der Internet-Verbindung beginnen.

1 Klicken Sie unten links auf die Schaltfläche

Start

und anschließend auf

Programme

.

Wenn Sie im nächsten Untermenü auf

Internet Explorer

klicken, erscheint ein weiteres Untermenü, in dem Sie den Befehl

Verbindung mit dem Internet

aktivieren.

2 Nun erscheint der Assistent für den Internet-Zugang. Klicken Sie auf die dritte Option, und bestätigen Sie die Auswahl per Mausklick auf die Schaltfläche

Weiter >

.

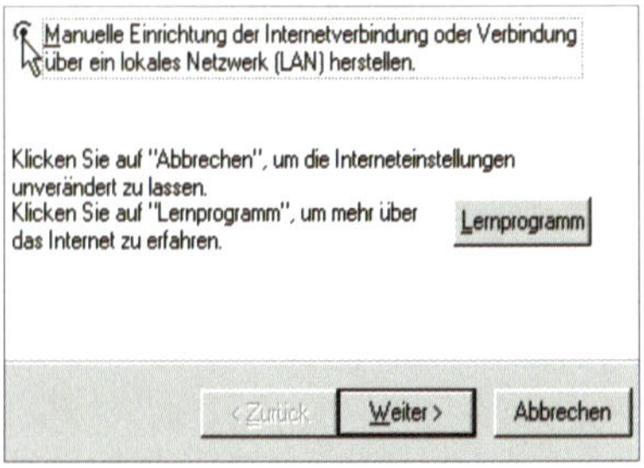
Manuelle Einrichtung der Internetverbindung oder Verbindung über ein lokales Netzwerk (LAN) herstellen.
Klicken Sie auf "Abbrechen", um die Interneteinstellungen unverändert zu lassen.
Klicken Sie auf "Lernprogramm", um mehr über das Internet zu erfahren.
Lernprogramm
< Zurück
Weiter >
Abbrechen

.

3 Im nächsten Fenster klicken Sie auf die Option

Verbindung über Telefonleitung und Modem.

und danach auf die Schaltfläche

Weiter >

.

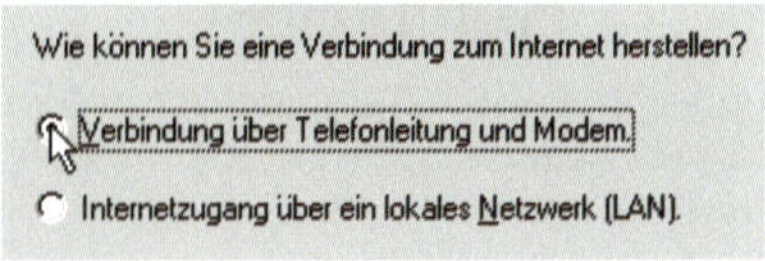
Wie können Sie eine Verbindung zum Internet herstellen?
Verbindung über Telefonleitung und Modem.
Internetzugang über ein lokales Netzwerk (LAN).

4 Falls auf Ihrem Computer mehrere Modems installiert sein sollten - zum Beispiel, wenn Sie eine ISDN-Karte verwenden -, müssen Sie im folgenden Fenster das gewünschte Modem auswählen, mit dem Sie die Internet-Verbindung aufbauen möchten.

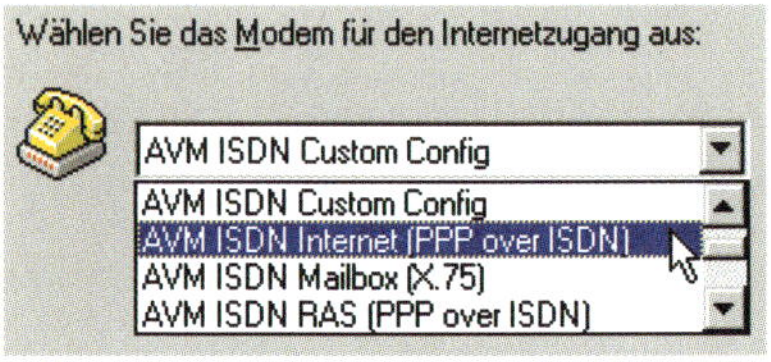

Öffnen Sie das Listenfeld per Mausklick, und klicken Sie auf das gewünschte Modem. Bestätigen Sie die Auswahl per Mausklick auf die Schaltfläche

Weiter > .

5 Im nächsten Fenster geben Sie die Rufnummer Ihres Internet-Anbieters an. Klicken Sie auf das Eingabefeld unterhalb von Ortskennzahl:, und tragen Sie die Vorwahl (ohne führende 0) ein, etwa

203 .

Anschließend klicken Sie auf das Eingabefeld unterhalb von

Rufnummer:

und tippen die Rufnummer für den Internet-Zugang ein, die Sie von Ihrem Internet-Anbieter erhalten haben. Klicken Sie danach auf die Schaltfläche

Weiter > .

6 Als nächstes benötigt Windows den Benutzernamen sowie das Kennwort, mit dem Sie sich am Computer Ihres Internet-Anbieters anmelden müssen. Klikken Sie auf das erste Eingabefeld rechts neben

Benutzername: ,

und tragen Sie Ihren Benutzernamen ein. Sie erhalten den Benutzernamen in der Regel von Ihrem Internet-Anbieter. Gleiches gilt für das Paßwort. Klicken Sie auf das Eingabefeld rechts neben

Kennwort: ,

und tippen Sie Ihr persönliches Zugangspaßwort ein. Aus Sicherheitsgründen erscheinen bei der Eingabe nur Sternchen. Sobald Sie die Informationen eingegeben haben, klicken Sie auf die Schaltfläche

Weiter > .

! Probleme beim Internet-Zugang?

In der Regel reichen die bislang eingegebenen Informationen für den reibungslosen Internet-Zugang schon aus. Falls dennoch Probleme auftreten sollten, müssen Sie vielleicht noch einige Zusatzinformationen angeben.
Starten Sie in diesem Fall den Assistenten erneut, und klicken Sie in Schritt 6 auf die Schaltfläche

Erweitert ,

um die fehlenden Informationen nachzutragen. Weitere Auskünfte hierzu erhalten Sie direkt bei Ihrem Internet-Anbieter.

Übrigens: Wenn Sie sich für den Internet-Zugang „Internet by Call“ von Arcor entschieden haben (siehe Seite 20), verwenden Sie den Benutzernamen

arcor

und das Kennwort

internet.

7 Im nächsten Schritt können Sie der Internet-Verbindung einen Namen geben. Klicken Sie auf das Eingabefeld, und tragen Sie den gewünschten Namen ein, etwa

Internet-Zugang.

Name der Verbindung:
Internet-Zugang

Klicken Sie anschließend auf die Schaltfläche Weiter >.

8 Jetzt möchte das Installationsprogramm von Ihnen wissen, ob Sie ein E-Mail-Konto anlegen wollen. Klicken Sie auf die Option

Nein,

und bestätigen Sie die Auswahl per Mausklick auf die Schaltfläche

Weiter >.

9 Die Konfiguration des Internet-Zugangs ist somit abgeschlossen. Klicken Sie abschließend auf die Schaltfläche

Fertig stellen.

Eine Verbindung zum Internet aufbauen

Sobald Sie dem Assistenten für den Internet-Zugang die notwendigen Informationen mitgeteilt haben, wird ein sogenanntes DFÜ-Netzwerksymbol für den Zugang zu Ihrem Internet-Anbieter erzeugt. Mit diesem DFÜ-Netzwerksymbol können Sie jederzeit eine Verbindung in das weltweite Internet aufbauen.

1 Klicken Sie unten links auf die Schaltfläche

Start

und anschließend auf

Programme.

Wenn Sie im nächsten Untermenü den Eintrag

Zubehör

und anschließend

Kommunikation

aktivieren, erscheint ein weiteres Untermenü; klicken Sie hier auf den Befehl

DFÜ-Netzwerk.

2 Daraufhin klicken Sie doppelt auf das DFÜ-Netzwerksymbol, das Sie für den Internet-Zugang eingerichtet haben, etwa auf

Internet-Zugang.

3 Im nachfolgenden Dialogfenster geben Sie Ihre persönlichen Zugangsinformationen ein. Klicken Sie auf das oberste Eingabefeld

, und tippen Sie den Benutzernamen ein, den Sie von Ihrem Internet-Anbieter erhalten haben (siehe „Wichtige Informationen für den Internet-Zugang“ auf Seite 20). Klicken Sie danach auf das Eingabefeld rechts neben

, und tragen Sie das Zugangskennwort ein. Im Feld

können Sie noch einmal die zu wählende Telefonnummer überprüfen.

4 Anschließend klicken Sie auf die Schaltfläche

. Im nun erscheinenden Statusfenster können Sie den Fortschritt des Verbindungsaufbaus verfolgen.

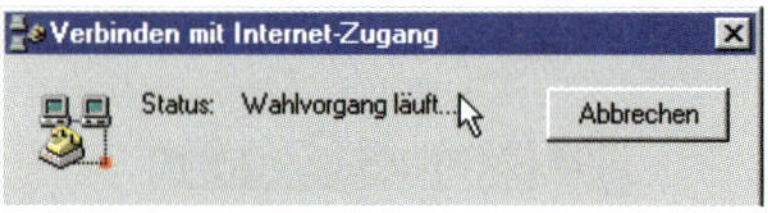

Gescheiterter Verbindungsaufbau?

Sollte der Verbindungsaufbau scheitern, kann das viele Ursachen haben. In den meisten Fällen stimmen entweder die Einstellungen für den Zugang via DFÜ-Netzwerk nicht, oder bei der Angabe des Benutzernamens beziehungsweise des Paßworts hat sich ein Tippfehler eingeschlichen. Überprüfen Sie also die Einstellungen, und starten Sie einen neuen Versuch. Falls der Verbindungsaufbau dann immer noch nicht klappen sollte, ist es ratsam, sich mit seinem Internet-Anbieter in Verbindung zu setzen und mit ihm die Einstellungen Schritt für Schritt durchzugehen.

5 Sofern die Verbindung erfolgreich aufgebaut werden konnte, verschwindet das Statusfenster wieder. Statt dessen erscheint in der Task-Leiste in der unteren rechten Ecke ein kleines Modemsymbol

mit zwei Kontrollampen. Anhand der Kontrollampen können Sie erkennen, ob gerade Daten gesendet (links oben) oder empfangen (rechts unten) werden. Wandern in diesem Moment Daten über die Leitung, blinken die kleinen Lämpchen.

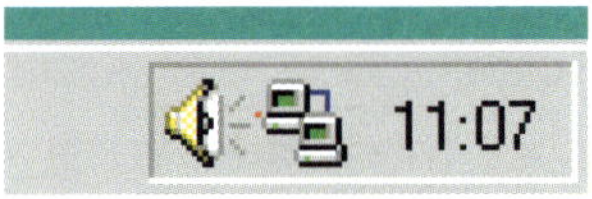

6 Ob die Verbindung tatsächlich erfolgreich aufgebaut wurde, können Sie selbst überprüfen. Klicken Sie auf die Schaltfläche

und anschließend auf

sowie

.

7 Daraufhin erscheint ein schwarzes Eingabefenster. Geben Sie hier den Befehl

```
ping 194.120.227.190
```

ein, und bestätigen Sie mit ↵. Wenn als Rückmeldung eine Zeitangabe erfolgt, zum Beispiel

```
bytes=32 time=224ms
```

, ist alles in Ordnung. Erscheint jedoch eine Fehlermeldung wie beispielsweise

```
Request timed out
```

oder

```
Destination host unreachable
```

müssen Sie die Einstellungen der DFÜ-Netzwerkverbindung noch einmal zusammen mit Ihrem Internet-Anbieter überprüfen.

```
D:\WINDOWS>ping 194.120.227.190

Pinging 194.120.227.190 with 32 bytes of data:

Reply from 194.120.227.190: bytes=32 time=224ms TTL=120
Reply from 194.120.227.190: bytes=32 time=224ms TTL=120
Reply from 194.120.227.190: bytes=32 time=178ms TTL=120
Reply from 194.120.227.190: bytes=32 time=178ms TTL=120

D:\WINDOWS>
```

8 Falls der erste Test erfolgreich war, können Sie noch einen zweiten Test durchführen. Geben Sie den Befehl

```
ping www.microsoft.de
```

ein. Erscheint auch hier keine Fehlermeldung, sondern eine Zeitangabe in der Form

```
bytes=32 time=224ms
```

, funktioniert Ihre Internet-Anbindung einwandfrei. Wenn allerdings eine Fehlermeldung eingeblendet wird, haben Sie eine falsche Namensserveradresse eingetragen. Überprüfen Sie dann noch einmal die TCP/IP-Einstellungen des DFÜ-Netzwerksymbols (siehe Seite 18).

9 Möchten Sie die Internet-Verbindung wieder trennen, klicken Sie in der Task-Leiste unten rechts doppelt, also zweimal kurz hintereinander, auf das Modemsymbol

.

Im nachfolgenden Fenster betätigen Sie dann die Schaltfläche

.

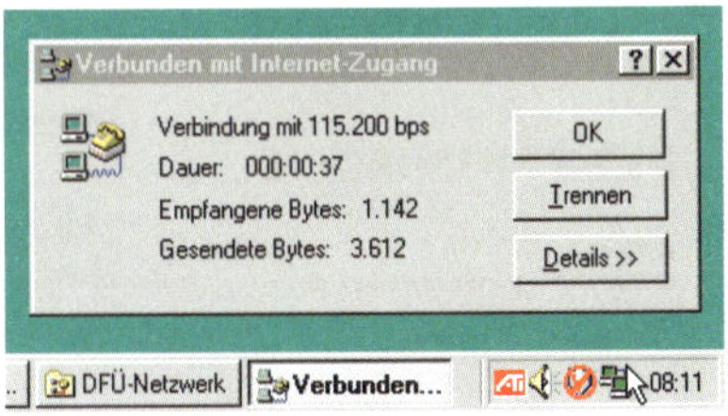

Automatisch mit dem Internet verbinden

Auf Wunsch verbindet Windows Sie automatisch mit dem Internet, sobald Sie entweder den Internet Explorer oder eine andere Internet-Anwendung starten.

1 Klicken Sie in Windows unten links auf die Schaltfläche

Start

und anschließend auf

Einstellungen

und Systemsteuerung.

2 Danach klicken Sie doppelt, also zweimal kurz hintereinander, auf das Symbol Internet.

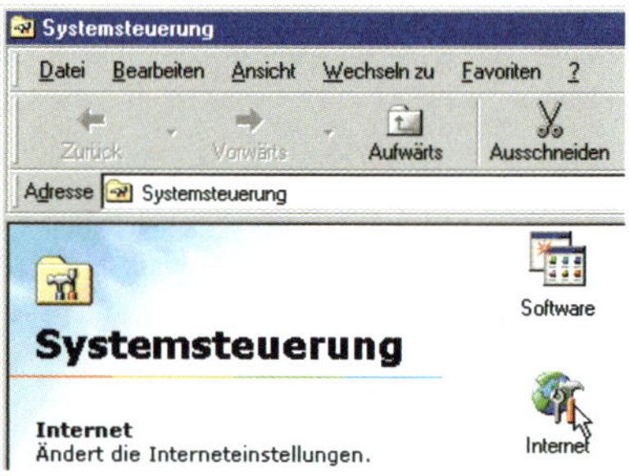

3 Klicken Sie im nachfolgenden Dialogfenster auf die Registerkarte

Verbindungen.

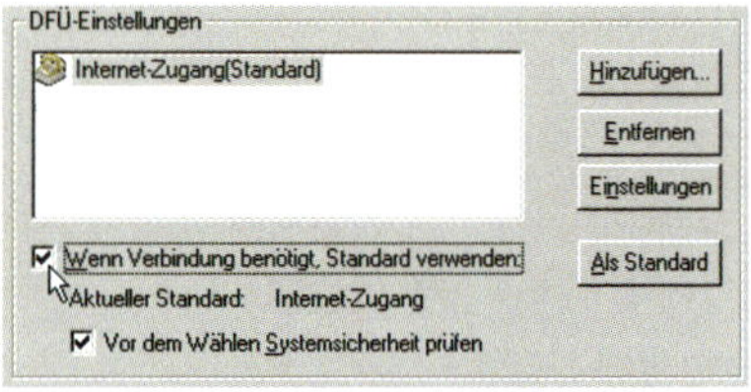

Aktivieren Sie per Mausklick die Option

☑ Wenn Verbindung benötigt, Standard verwenden:

Windows baut dann automatisch eine Internet-Verbindung auf, sobald Sie eine Internet-Anwendung starten.

4 Die übrigen Einstellungen des Dialogfensters können Sie unverändert lassen. Schließen Sie das Dialogfenster mit OK.

5 Sobald Sie jetzt den Internet Explorer starten und noch keine Internet-Verbindung besteht, erscheint das Dialogfenster

DFÜ-Verbindung.

In der Regel genügt ein Mausklick auf die Schaltfläche

Verbinden.

Achten Sie jedoch darauf, daß Sie Ihren Benutzernamen und das Kennwort korrekt eingetragen haben.

Im unteren Bereich können Sie im Statusfenster den Fortgang des Verbindungsaufbaus verfolgen. Wenn die Internet-Verbindung steht, verschwindet das Dialogfenster wieder, und Sie können mit der Internet-Anwendung arbeiten.

6 Falls der Verbindungsaufbau scheitern sollte, überprüfen Sie noch einmal Ihren Benutzernamen und das Kennwort, und klicken Sie auf die Schaltfläche 

.

7 Wenn Sie die Internet-Verbindung wieder trennen möchten, klicken Sie in der Task-Leiste unten rechts doppelt, also zweimal kurz hintereinander, auf das Modemsymbol

.

Im nachfolgenden Fenster betätigen Sie dann die Schaltfläche

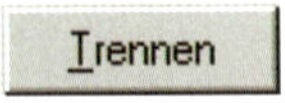

.

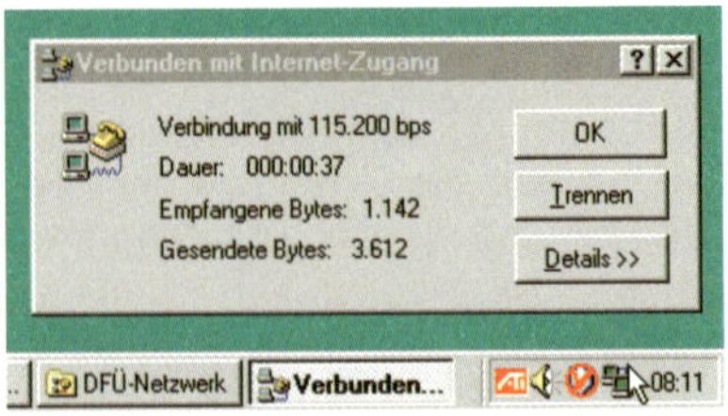

3 Internet-Seiten aufrufen

Der Internet Explorer ist hochintelligent: Sobald Sie das Programm starten, baut er automatisch eine Verbindung zum weltweiten Internet auf und stellt die Startseite von Microsoft dar. Doch das World Wide Web besteht nicht nur aus den Microsoft-Seiten. Das Angebot an Web-Seiten ist unglaublich groß, denn im Internet sind über 30 Millionen Computer mit mehreren hundert Millionen World-Wide-Web-Seiten untereinander verknüpft. Damit Sie eine ganz bestimmte Seite aufrufen können, verfügt jede Seite über eine individuelle Adresse, ähnlich Ihrer Postadresse oder Telefonnummer. Sie brauchen die Adresse nur in das Eingabefeld des Internet Explorers einzugeben, und schon erscheint die gewünschte Seite auf Ihrem Bildschirm.

Kapitel-Wegweiser

Den Internet Explorer starten

Um den Internet Explorer zu starten, stehen Ihnen verschiedene Möglichkeiten zur Verfügung.

1 Klicken Sie auf die Schaltfläche

und anschließend auf

.

Im Untermenü klicken Sie auf

.

Sie können den Internet Explorer aber auch direkt von der Windows-Arbeitsoberfläche aus starten, indem Sie dort doppelt, also zweimal kurz hintereinander, auf das Symbol

klicken.

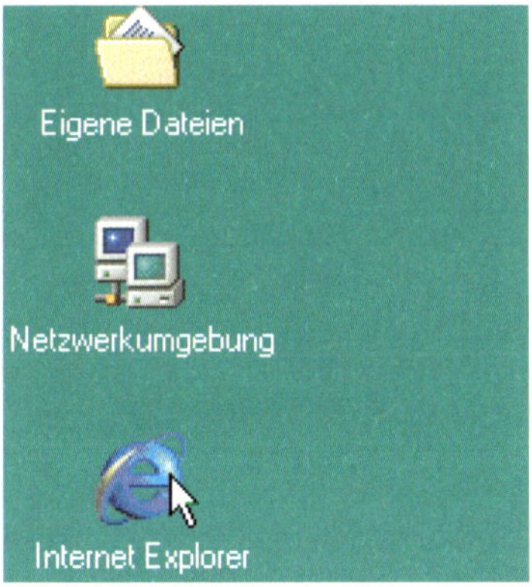

Eine weitere Möglichkeit bietet die **Task-Leiste** von Windows. Klicken Sie rechts neben der

-Schaltfläche auf das

-Symbol.

2 Danach startet der Internet Explorer. Wenn Sie bereits zuvor eine Verbindung zum Internet hergestellt haben, beispielsweise über das DFÜ-Netzwerk von Windows, nutzt der Internet Explorer die bestehende Telefonverbindung und stellt die Startseite dar. Das ist in der Regel die Microsoft-Seite.

Sollten Sie den Internet Explorer starten, ohne zuvor eine Verbindung zum Internet hergestellt zu haben, ist das nicht weiter tragisch. Es erscheint dann das Fenster

, das Sie automatisch mit dem Internet verbindet. Geben Sie in das Dialogfenster – sofern nicht bereits geschehen – einfach Ihren Benutzernamen und das Kennwort ein, und klicken Sie auf die Schaltfläche

.

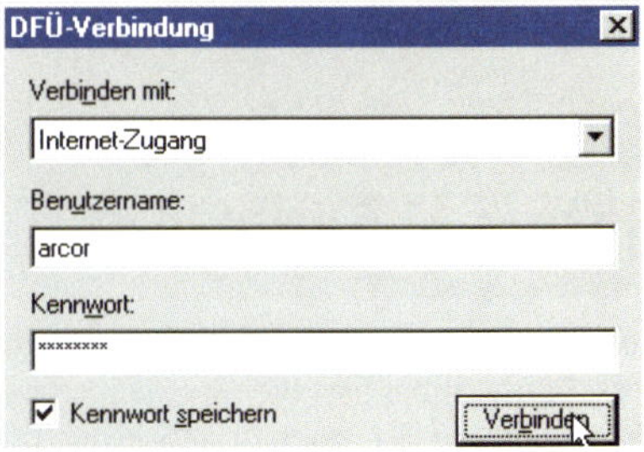

Sobald Windows die Internet-Verbindung erfolgreich aufgebaut hat, stellt der Internet Explorer die Microsoft-Startseite dar.

3 Sollten Sie nach dem Start des Internet Explorers eine Fehlermeldung erhalten, beispielsweise „Die Seite kann nicht angezeigt werden“, besteht ein Problem mit der Verbindung zum Internet. Schließen Sie dann die aktuelle Internet-Verbindung, indem Sie in der Task-Leiste doppelt auf das Modemsymbol

und im nachfolgenden Fenster auf die Schaltfläche

Trennen

klicken. Danach schließen Sie das Fenster des Internet Explorers, indem Sie auf das Menü Datei

und den Befehl

Schließen

klicken. Starten Sie den Internet Explorer neu, und überprüfen Sie im Fenster

DFÜ-Verbindung

Ihren Benutzernamen und das Kennwort.

Die Startseite des Internet Explorers

Wenn Sie den Internet Explorer starten, erscheint zunächst die Startseite von Microsoft. Sie beginnen den Internet-Tag also mit der Startseite, die Sie allerdings jederzeit wechseln können.

1 Auch wenn Sie eine Zeitlang im Internet „gesurft“ sind und andere Seiten besucht haben, können Sie jederzeit wieder zur Startseite zurückkehren. Hierzu klicken Sie einfach in der Symbolleiste des Internet Explorers auf die Schaltfläche

.

2 Die Startseite des Internet Explorers hat üblicherweise die **Internet-Adresse** http://www.de.msn.de. Diese Seite ist jedoch nicht starr vorgegeben, das heißt, Sie können sie beliebig anpassen und eine andere Seite zur Startseite machen. Wenn Sie die Adresse der Startseite ändern und beispielsweise Ihre ganz persönliche Lieblingsseite oder Ihre eigene Homepage als Startseite einrichten möchten, klicken Sie auf das

Extras -

Menü und anschließend auf den Befehl

Internetoptionen...

3 Im nächsten Dialogfenster klicken Sie auf das Eingabefeld

und tippen die Internet-Adresse der gewünschten Startseite ein, zum Beispiel

.

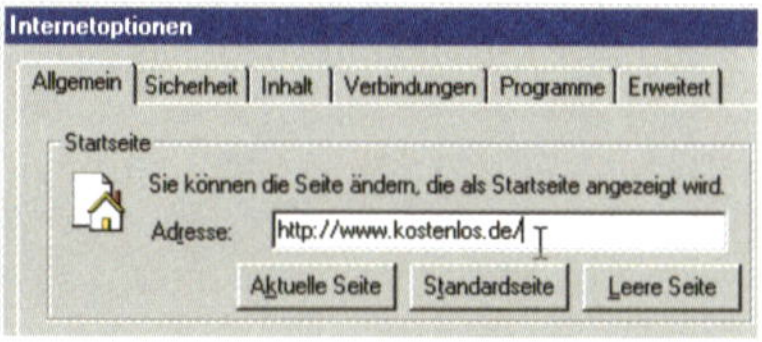

4 Schließen Sie das Dialogfenster per Mausklick auf die Schaltfläche

.

5 Wenn Sie nun in der Symbolleiste des Internet Explorers auf die Schaltfläche

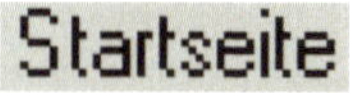

klicken, erscheint nicht mehr die Microsoft-Startseite, sondern die von Ihnen festgelegte Seite, beispielsweise:

Gezielt Seiten im Internet aufrufen

Sobald die Verbindung zum Internet steht, können Sie jede beliebige Internet-Seite auf Ihrem Bildschirm darstellen.

1 Um die Seite eines bestimmten Anbieters darzustellen, müssen Sie dessen **Internet-Adresse** kennen. Klicken Sie in der Symbolleiste des Internet Explorers auf das Eingabefeld

rechts neben

,

und tippen Sie die gewünschte Internet-Adresse ein, zum Beispiel

.

Drücken Sie anschließend die ↵-Taste.

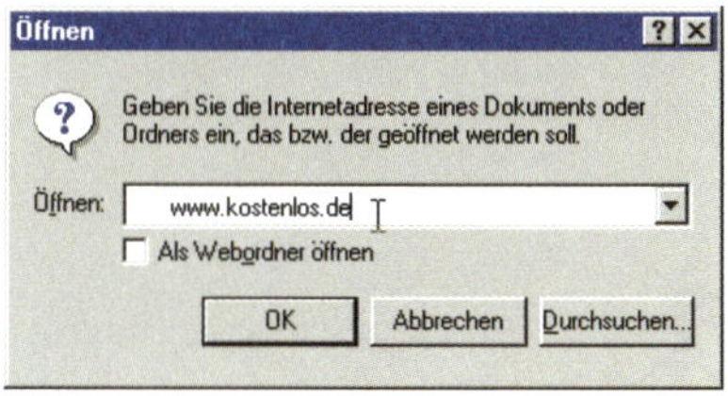

2 Besonders praktisch ist die sogenannte „AutoAusfüllen-Funktion" des Internet Explorers. Wenn Sie die Adresse einer Internet-Seite eintragen, die Sie schon zuvor einmal eingegeben hatten, blendet der Internet Explorer – sobald er die Adresse wiedererkennt – eine kleine

Auswahlliste ein. Hier können Sie bereits während des Eintippens die gewünschte Seite per Mausklick oder mit Hilfe der Pfeiltasten auswählen. In den meisten Fällen spart diese Funktion eine Menge „Tipperei".

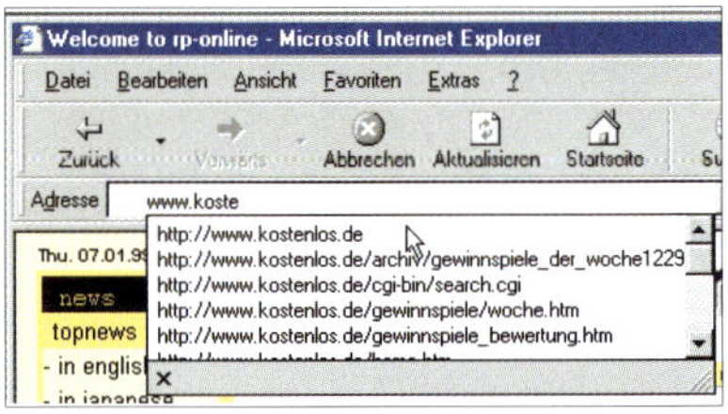

! Hilfreich: Kataloge mit Internet-Adressen

Falls Sie derzeit gerade keine Adresse parat haben: Im Internet gibt es zahlreiche Kataloge, in denen – ähnlich einem Telefon- oder Branchenbuch – alle wichtigen, interessanten oder auch witzigen Seiten verzeichnet sind. Die wichtigsten deutschen Kataloge finden Sie, wenn Sie die Internet-Adresse www.yahoo.de oder www.web.de eingeben.

3 Sobald Sie die gewünschte Internet-Adresse eingegeben und mit [↵] bestätigt haben, sorgt der Internet Explorer für eine Verbindung zur jeweiligen Internet-Seite und stellt sie im Internet-Explorer-Fenster dar. Das kann wenige Sekunden bis zu einigen Minuten dauern, da der Computer, auf dem sich die Seiten befinden, mitunter am anderen Ende der Welt steht.

! Adressen ohne http://

Im Internet beginnt jede Seite grundsätzlich mit dem Kürzel http:// (das steht für: **H**yper**T**ext **T**ransfer **P**rotocol). Im Internet Explorer brauchen Sie die Bezeichnung http:// jedoch nicht ausdrücklich anzugeben, da er die Eingabe auch ohne das Buchstabenkürzel versteht. Es bleibt also Ihnen überlassen, ob Sie http://www.kostenlos.de oder einfach nur www.kostenlos.de eingeben.

4 Nicht immer paßt eine Internet-Seite vollständig in das Fenster des Internet Explorers. Sollte die Seite „zu lang" sein, sehen Sie lediglich einen Ausschnitt der Seite. Der Internet Explorer blendet dann am rechten Rand des Fensters eine vertikale **Bildlaufleiste** ein, mit der Sie den Ausschnitt verschieben können. Klikken Sie auf [▲] oder [▼], um den Ausschnitt nach oben oder unten zu verschieben. Sie können hierzu aber auch die Tasten [Bild↑] und [Bild↓] verwenden.

5 Während Ihrer Datenreise können Sie den Fortschritt der Datenübertragung jederzeit verfolgen. In der Statuszeile unten links blendet der Internet Explorer den aktuellen Stand der Datenübertragung ein, zum Beispiel

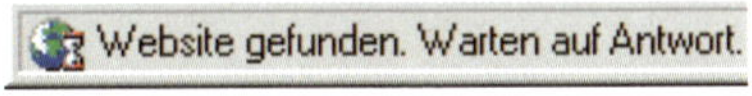

.

Anhand der Meldungen in der Statusleiste erkennen Sie sofort, wie weit die Datenübertragung bereits gediehen ist. In der Regel erscheinen die Meldungen in folgender Reihenfolge: „Verbindung mit Seite herstellen" (erste Kontaktaufnahme und Suche nach der gewünschten Seite), „Web-Site gefunden" (erfolgreicher Verbindungsaufbau mit der Internet-Seite und Warten auf weitere Daten) und „Seite öffnen" oder „Bild öffnen" (Übertragen der einzelnen Datenpakete der Seite beziehungsweise einer Grafik)

In der rechten Hälfte der Statusleiste erfahren Sie auch, zu wieviel Prozent die Seite bereits geladen wurde. Während des Ladevorgangs umfangreicher Seiten sehen Sie im rechten Bereich der Statusleiste einen blauen Balken. Er zeigt den Fortschritt der gesamten Datenübertragung an. Dabei gilt: Je größer der blaue Balken wird, desto mehr Daten hat der Internet Explorer bereits entgegengenommen.

Anhand des Internet-Explorer-Symbols in der oberen rechten Ecke des Fensters können Sie darüber hinaus erkennen, ob gerade Daten über die Telefonleitung fließen oder nicht.

Wenn sich das Explorer-Symbol dreht, empfängt oder verschickt der Internet Explorer gerade Daten. Ist das Symbol in Ruhestellung, fließen keine Daten durch die Telefonleitung. Auf diese Weise können Sie auf einen Blick sehen, ob eine Verbindung erfolgreich aufgebaut werden konnte oder nicht. Besonders praktisch: Per Mausklick auf das

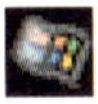-Symbol gelangen Sie direkt zur Startseite von Microsoft.

Durch Internet-Seiten navigieren

Das Internet arbeitet mit **Verknüpfungen**. Alle Internet-Seiten sind dynamisch miteinander verbunden, so daß Sie bequem von einer Seite zur anderen springen können.

1 Auf jeder Internet-Seite finden Sie Verknüpfungen - auch **Hyperlinks** genannt -, die zu anderen Seiten führen. In der Regel sind die Verknüpfungen blau und unterstrichen dargestellt.

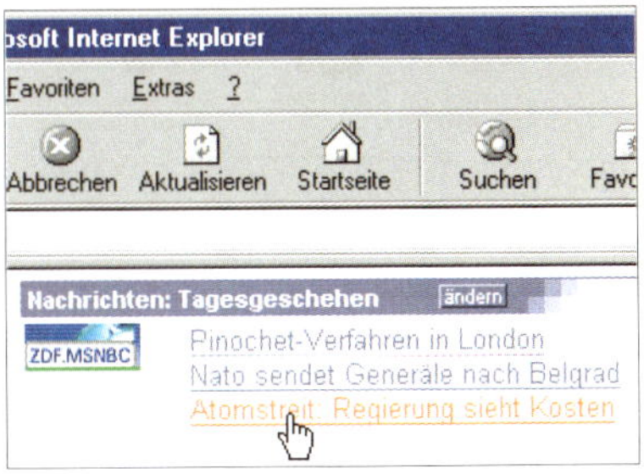

Wenn Sie den Mauszeiger auf eine Verknüpfung bewegen (das kann auch eine Grafik sein), verwandelt er sich in eine Hand

.

Klicken Sie mit der Maus einmal auf die Verknüpfung, um zur gewünschten Seite zu gelangen. Dabei kann sich die neue Seite auf demselben Computer, aber auch auf einem PC am anderen Ende der Welt befinden.

Auf welchen Computer Sie ein Hyperlink führt, erfahren Sie - bevor Sie klikken - in der Statuszeile unten links. Wenn Sie mit der Maus auf einen Hyperlink zeigen (aber noch nicht klicken), verrät Ihnen die Statuszeile, zu welcher Internet-Adresse und welchem Dokument der Hyperlink verzweigt.

Besonders praktisch: Wenn Sie mit dem Mauszeiger einige Sekunden auf eine Verknüpfung zeigen, blendet der Internet Explorer das Ziel der Verknüpfung ein. Das funktioniert allerdings leider nicht bei allen Verknüpfungen.

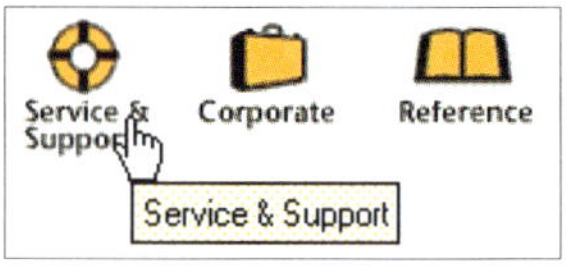

2 Sobald Sie eine Seite besucht haben und sich diese Seite später erneut ansehen wollen, brauchen Sie mit der Suche nicht noch einmal von vorne zu beginnen. Statt dessen blättern Sie einfach wie in einem Buch durch die bereits besuchten Seiten. Mit Hilfe der ersten beiden Schaltflächen der Symbolleiste können Sie jederzeit zwischen den Seiten, die Sie schon besucht haben, vor- und zurückblättern. Um wieder zur davor angezeigten Seite zurückzukehren, klicken Sie auf die Schaltfläche

.

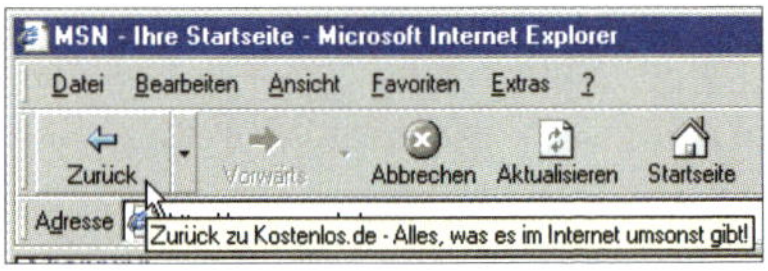

Wenn Sie eine Seite weiterblättern möchten (das geht nur, wenn Sie zuvor zurückgeblättert haben), klicken Sie auf

.

3 Je länger Sie im World Wide Web „surfen", um so mehr Seiten werden Sie besuchen. Da kann das Zurückblättern zu einer ganz bestimmten Seiten recht mühsam werden. Um diesen Aufwand zu vermeiden, ist es möglich, eine Liste aller Seiten einzublenden, zu denen Sie vor- oder zurückblättern können. Klicken Sie hierzu auf den nach unten weisenden Pfeil rechts neben der Schaltfläche

.

Daraufhin öffnet sich eine Liste der verfügbaren Seiten, zu denen Sie zurückblättern können. Wählen Sie die gewünschte Seite per Mausklick aus.

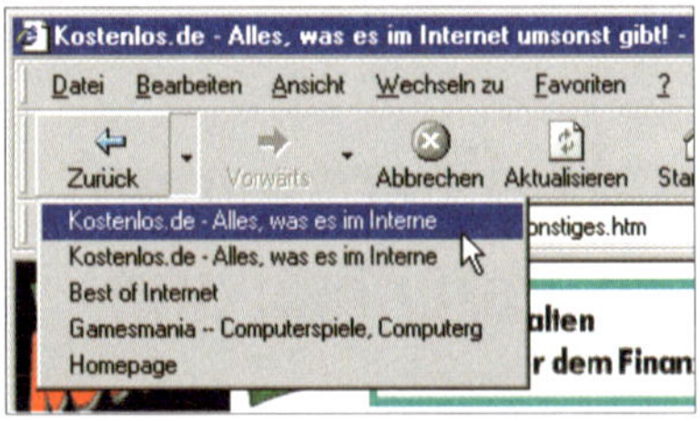

4 Der Internet Explorer hat ein phänomenales Gedächtnis: Er merkt sich alle Seiten, die Sie während der aktuellen Sitzung schon besucht haben, so daß Sie blitzschnell zu bereits bekannten Seiten zurückkehren können.

Um einer Seite, die Sie schon kennen, einen weiteren Besuch abzustatten, öffnen Sie einfach das Listenfeld „Adresse" per Mausklick auf den nach unten gerichteten Pfeil.

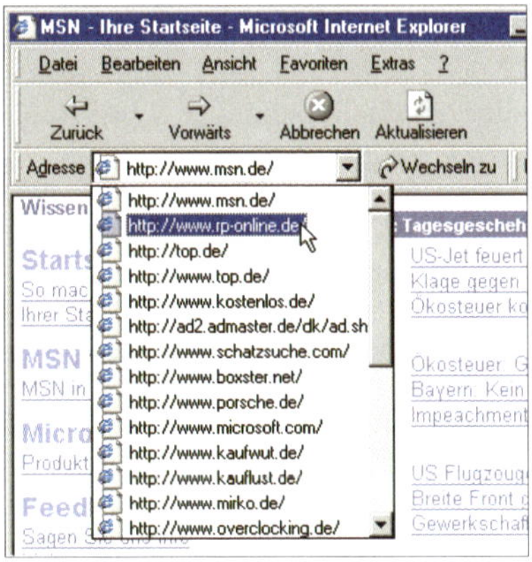

Der Internet Explorer listet hier die Seiten auf, die Sie bereits aufgerufen haben. Klicken Sie einfach auf den gewünschten Eintrag in der Liste, um direkt zur gewünschten Seite zu gelangen.

Im Verlaufsordner stöbern

Selbst nach Tagen oder Wochen ist es noch möglich, einer „alten" Seite eine erneuten Besuch abzustatten. Denn der Internet Explorer merkt sich im sogenannten **Verlaufsordner** ganz genau, welche Seite Sie sich an welchem Tag angesehen haben.

1 Um den Verlaufsordner zu öffnen, klicken Sie in der Symbolleiste auf die Schaltfläche

.

2 Im linken Bereich des Fensters blendet der Internet Explorer daraufhin den Verlaufsordner ein. Der Clou: Für jede Woche, jeden Wochentag der aktuellen Woche sowie für den heutigen Tag erscheint ein eigener Listeneintrag. Klicken

Sie einfach auf den gewünschten Tag beziehungsweise die Woche – etwa auf

.

3 Der Internet Explorer blendet nun alle Internet-Angebote ein, die Sie an diesem Tag besucht haben. Um einem der aufgelisteten Angebote einen erneuten Besuch abzustatten, brauchen Sie nichts weiter zu tun, als auf die gewünschte Verknüpfung zu klicken. Es erscheint eine weitere Auswahl mit allen Seiten des Angebots, die Sie betrachtet haben. Klicken Sie auf die Verknüpfung, um die gewünschte Seite erneut anzuzeigen.

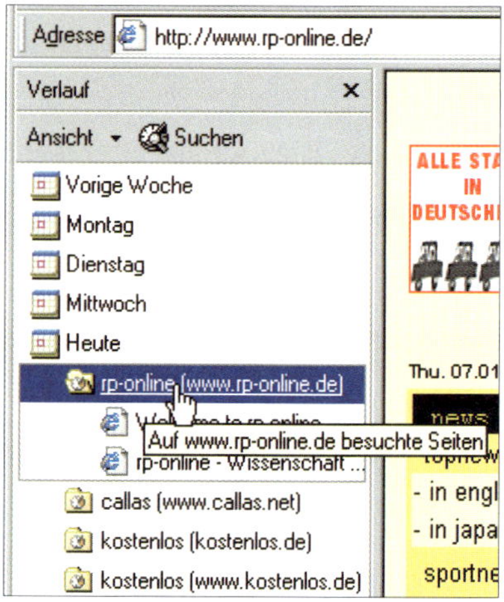

4 Der Verlaufsordner läßt sich wieder ausblenden, indem Sie einfach erneut auf die Schaltfläche

klicken.

Datenübertragung unterbrechen und neu starten

Die Übertragung der Internet-Seiten auf Ihren Computer erfolgt via Telefonleitung. Leider sind einige Leitungen zu den Computern, auf denen die Seiten abgelegt sind, nicht sonderlich schnell. Manchmal sind die Telefonleitungen sogar derart überlastet, daß überhaupt keine Verbindung mehr zustande kommt. In diesem Fall können Sie die Datenübertragung unterbrechen und die Daten später erneut anfordern.

1 Wenn das Laden und Anzeigen einer Seite außerordentlich lange dauert oder Sie das Laden einer sehr großen Grafik überspringen und mit einer anderen Seite fortfahren möchten, klicken Sie in der Symbolleiste einfach auf die Schaltfläche

.

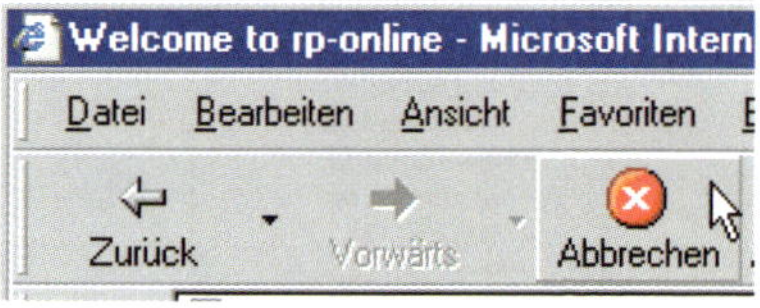

Der Internet Explorer unterbricht daraufhin den aktuellen Ladevorgang, so daß Sie mit einer anderen Seite fortfahren können.

Die Abbrechen-Schaltfläche ist übrigens nur verfügbar, solange dem Internet Explorer noch Daten der aktuellen Seite fehlen. Wenn sich die Weltkugel in der rechten oberen Ecke des Internet-Explorer-Fensters dreht, können Sie den Vorgang mit einem Klick auf Abbrechen unterbrechen.

Sobald eine Seite vollständig übertragen wurde, erscheint in der Statuszeile unten links der Eintrag „Fertig".

Fertig

2 Sollte der Verbindungsaufbau zu einer Seite nicht geklappt haben oder die Seite fehlerhaft beziehungsweise nur zum Teil dargestellt worden sein, müssen Sie den Ladevorgang wiederholen. Klikken Sie hierzu in der Symbolleiste auf die Schaltfläche Aktualisieren.

Das gleiche Ergebnis erzielen Sie, wenn Sie das Ansicht-Menü öffnen und auf den Menübefehl

Aktualisieren

klicken. Noch schneller geht's, wenn Sie einfach die F5-Taste drücken. Der Internet Explorer lädt daraufhin die aktuelle Seite einschließlich sämtlicher Grafiken erneut.

Internet-Seiten ausdrucken

Halten Sie wichtige Informationen auch lieber schwarz auf weiß in Händen? Kein Problem: Wenn Sie Informationen aus dem World Wide Web in gedruckter Form benötigen, können Sie jederzeit auf die Druckfunktion des Internet Explorers zurückgreifen.

1 Stellen Sie zunächst die Seite dar, die Sie ausdrucken möchten. Um den Druckvorgang zu starten, klicken Sie auf das Datei-Menü und anschließend auf den Befehl

Drucken...

2 Nun erscheint das Dialogfenster

Drucken.

Hier können Sie vor dem eigentlichen Druckvorgang noch einige Einstellungen vornehmen. Besonders wichtig ist das Feld Drucken von Frames.

Sofern sich die gerade dargestellte Seite aus sogenannten **Frames** (Rahmen) zusammensetzt, können Sie hier bestimmen, welchen Rahmen Sie drucken möchten. Wenn die Seite ohne Rahmen aufgebaut ist, wurde die Option grau ausgeblendet.

Soll die Seite so ausgedruckt werden, wie sie auf dem Bildschirm erscheint, klicken Sie auf die Option

Wie in der Bildschirmansicht.

Falls Sie jedoch nur einen ganz bestimmten Rahmen drucken möchten, wählen Sie per Mausklick die Option

Nur den markierten Frame.

Die Option ist allerdings nur verfügbar, wenn Sie zuvor den gewünschten Rahmen markiert, also angeklickt haben.

Möchten Sie jeden Rahmen als Extra-Seite drucken, aktivieren Sie per Mausklick die Option Jeden Frame individuell.

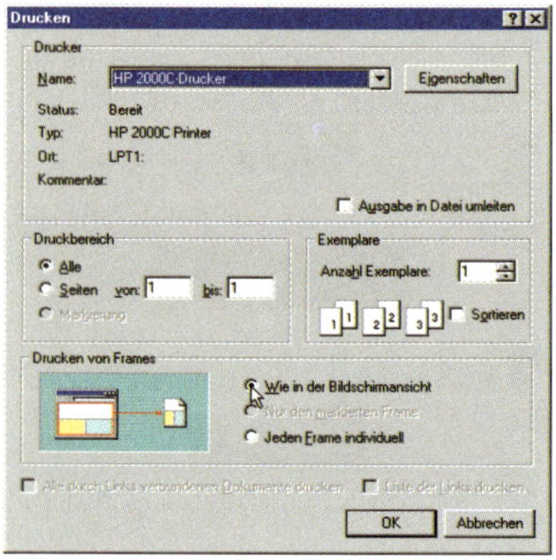

3 Sobald Sie die gewünschten Einstellungen vorgenommen haben, starten Sie den Druckvorgang per Mausklick auf die Schaltfläche

OK.

Drucken ohne Umwege

Sie können das Dialogfenster

Drucken

auch umgehen und die Seite direkt ausdrucken. Klicken Sie hierzu in der Symbolleiste des Internet Explorers einfach auf die Schaltfläche

Drucken.

Mit mehreren Fenstern gleichzeitig arbeiten

Zeit ist Geld. Diese sprichwörtliche Weisheit hat gerade im Internet eine besondere Bedeutung. Denn jede Minute, die Sie auf das Laden einer Internet-Seite warten, kostet Geld. Daher empfiehlt es sich - gerade bei langsamen Internet-Verbindungen - die Telefonverbindung optimal auszunutzen. Der Trick: Statt mit lediglich einem einzigen Internet-Explorer-Fenster zu arbeiten, öffnen Sie gleich vier, fünf oder mehr Kopien des Fensters. Auf diese Weise können Sie zum Beispiel auf der Microsoft-Seite stöbern, während Sie in einem anderen Fenster einen aufwendigen Videoclip laden.

1 Das Öffnen eines weiteren Internet-Explorer-Fensters empfiehlt sich immer dann, wenn im aktuellen Internet Explorer längere Wartezeiten auftreten, etwa beim Herunterladen von Dateien. Um eine weitere Kopie des Internet Explorers zu starten, öffnen Sie das

Datei -

Menü und klicken auf den Menübefehl

Neu.

Es erscheint ein weiteres Untermenü. Klicken Sie hier auf den Befehl

Fenster.

Nun öffnet sich ein weiteres Fenster des Internet Explorers. Hier können Sie - völlig unabhängig vom ersten Fenster - ebenfalls Web-Seiten aufrufen.

2 Mit diesem Verfahren lassen sich beliebig viele Internet-Explorer-Fenster öffnen und gleichzeitig mehrere Verbindungen aufrecht erhalten. Dabei müssen Sie jedoch bedenken, daß sich die zur Verfügung stehende **Bandbreite** nicht ändert. Je mehr Explorer-Fenster Sie öffnen, um so langsamer werden die einzelnen Verbindungen, da sich die Bandbreite - zum Beispiel 28 800 Bits pro Sekunde - auf die geöffneten Explorer-Fenster verteilt.

! Verknüpfung im neuen Fenster

Auf Wunsch können Sie auch eine Verknüpfung innerhalb einer Seite direkt in einem neuen Fenster öffnen. Klicken Sie hierzu in der aktuellen Seite mit der rechten(!) Maustaste auf die Verknüpfung, und wählen Sie im nachfolgenden Kontextmenü den Befehl

In neuem Fenster öffnen.

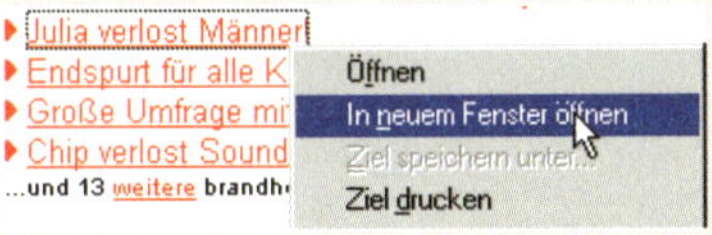

4 Internet-Seiten suchen

Wie viele World-Wide-Web-Seiten im Internet existieren, kann niemand genau sagen. Denn im Internet gibt es keine zentrale Verwaltungsstelle für sämtliche World-Wide-Web-Seiten. Schätzungen belaufen sich auf etwa 70 Millionen unterschiedlicher Seiten, Tendenz steigend. Damit Sie auf Ihrer Datenreise nicht von der Informationsflut erschlagen werden oder den Überblick verlieren, können Sie auf einen praktischen Service des Internet Explorers zurückgreifen: Microsoft zeigt Ihnen regelmäßig, welchen Seiten Sie unbedingt einen Besuch abstatten sollten und welche Seiten im World Wide Web neu hinzugekommen sind. Und wenn Sie Informationen zu ganz bestimmten Themenbereichen benötigen, können Sie eine der zahlreichen Suchmaschinen nutzen.

Kapitel-Wegweiser

Neue und interessante Web-Seiten

Im Internet existieren schätzungsweise 70 Millionen unterschiedliche World-Wide-Web-Seiten. Da ist es mitunter gar nicht so einfach, den Überblick zu behalten. Microsoft hat für Sie deshalb eigens einen Bereich mit interessanten und neu hinzugekommenen Web-Seiten eingerichtet.

1 Um eine Übersicht der interessanten und der neu hinzugekommenen World-Wide-Web-Seiten zu erhalten, klikken Sie auf den Menübefehl

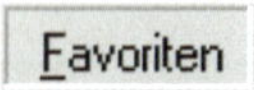

und anschließend auf den Befehl

sowie

.

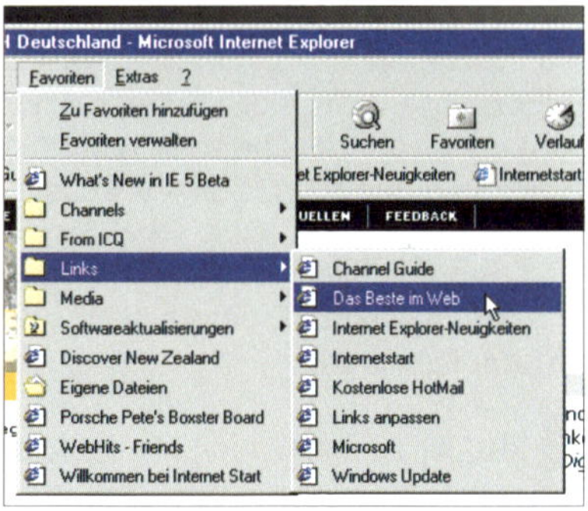

Ersatzweise können Sie auch am rechten Rand des Fensters doppelt, also zweimal kurz hintereinander, auf

klicken, um eine weitere Symbolleiste mit Schaltflächen einzublenden. Klicken Sie hier auf die Schaltfläche

.

2 Nach wenigen Augenblicken erscheint die „Best-of-the-Web"-Seite von Microsoft. Hier finden Sie eine Auswahl besonders lohnenswerter World-Wide-Web-Seiten. Klicken Sie einfach auf eine der unterstrichenen Verknüpfungen, um zur gewünschten Seite zu gelangen.

! Geheimtip: Kostenlos.de

Eine besonders interessante Seite ist übrigens *Kostenlos.de*. Hier finden Sie alles, was das Internet kostenlos zu bieten hat. Dazu zählen unter anderem Gewinnspiele, Software, PC-Spiele, Gratis-Produktproben oder Probe-Abonnements. Die Adresse der Seite lautet: www.kostenlos.de. Tragen Sie die Internet-Adresse in das Feld

ein, und bestätigen Sie mit ↵.

Internet-Seiten mit dem Internet Explorer suchen

Das Sprichwort „Wer suchet, der findet" hat gerade im Internet eine besondere Gültigkeit, denn das Internet bietet eine schier unendliche Informationsfülle. Wenn Sie ganz bestimmte Informationen suchen, sollten Sie nicht einfach aufs Geratewohl Internet-Adressen eingeben. Statt dessen ist es ratsam, sich einem **Suchdienst** anzuvertrauen. Diese Suchdienste ermitteln in Sekundenschnelle, wo Sie die gewünschten Informationen finden.

1 Microsoft hat für Sie bereits die wichtigsten Suchmaschinen auf einer übersichtlichen Seite zusammengetragen. Um die Suche zu starten, klicken Sie in der Symbolleiste des Internet Explorers auf die Schaltfläche

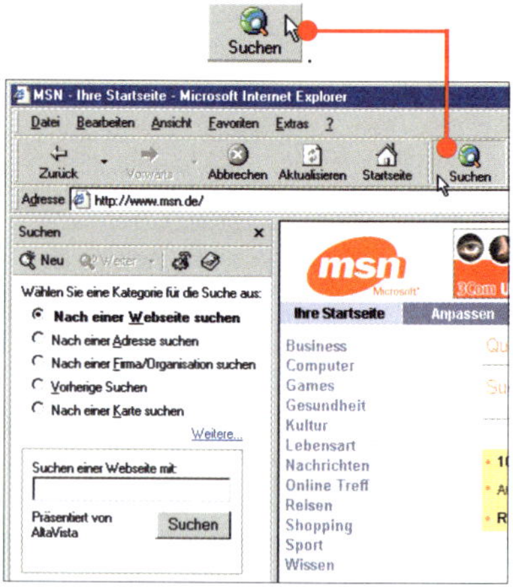

2 Das Fenster des Internet Explorers wird daraufhin neu eingeteilt: Links finden Sie den Suchbereich, rechts die aktuelle Internet-Seite. Auf diese Weise können Sie jederzeit Internet-Seiten lesen, ohne die aktuell dargestellte Seite verlassen zu müssen.

Klicken Sie zunächst auf die Option

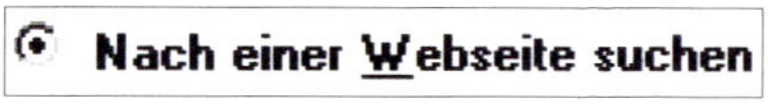

und anschließend weiter unten auf das Eingabefeld

. Tippen Sie dort den gewünschten Suchbegriff ein.

Bei der Eingabe des Suchbegriffs sollten Sie keine allgemeinen Bezeichnungen wie „Computer" wählen, sondern das Thema so weit wie möglich eingrenzen. Sie können auch mehrere Begriffe eingeben und durch Leerzeichen trennen, zum Beispiel „Auto BMW Opel Mercedes", um sämtliche Seiten ausfindig zu machen, in denen alle eingegebenen Begriffe auftauchen.

3 Mit der Suchmaschine des Internet Explorers können Sie nicht nur Internet-Seiten ausfindig machen. Auch Firmenadressen oder sogar Orte auf der Landkarte lassen sich ermitteln. Wählen Sie hierzu im oberen Teil des Suchen-Fensters per Mausklick einfach die gewünschte Kategorie aus, nach der Sie suchen. Übrigens: Wenn Sie auf die Verknüpfung

klicken, haben Sie zusätzlich die Möglichkeit, in einer Enzyklopädie oder in Newsgroups auf die Suche zu gehen.

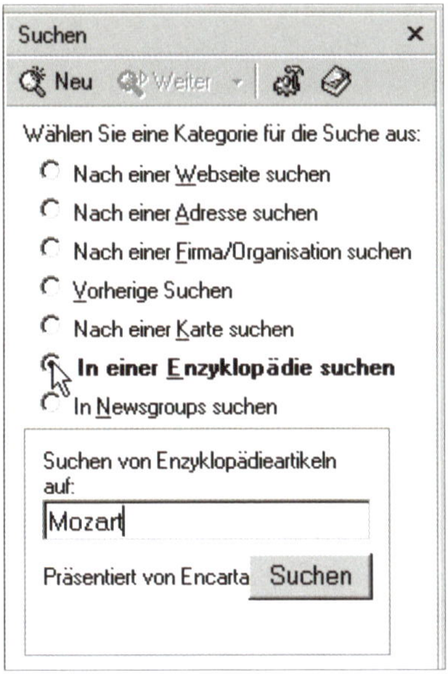

4 Sobald Sie den oder die Suchbegriffe eingegeben und die gewünschte Suchmaschine ausgewählt haben, klicken Sie auf die Schaltfläche

.

5 Danach stellt der Internet Explorer eine Verbindung zur gewünschten Suchmaschine her und übermittelt Ihre Suchanfrage. Sofern die Suche erfolgreich war, erscheinen nach wenigen Sekunden in der linken Fensterhälfte die Suchergebnisse.

6 Um eine der aufgelisteten Seiten anzuzeigen, klicken Sie einfach auf die unterstrichene Verknüpfung. Die gewünschte Seite wird anschließend im rechten Teil des Fensters dargestellt.

7 Üblicherweise nutzt der Internet Explorer die Suchmaschine des amerikanischen Anbieters Alta Vista. Wenn Ihnen Suchergebnisse von Alta Vista nicht gefallen, können Sie die Suchanfrage aber auch an eine andere Suchmaschine übergeben. Klicken Sie hierzu im Suchen-

Fenster auf den nach unten weisenden Pfeil der Schaltfläche

.

Es öffnet sich eine Liste, aus der Sie per Mausklick die gewünschte Suchmaschine auswählen können, beispielsweise

.

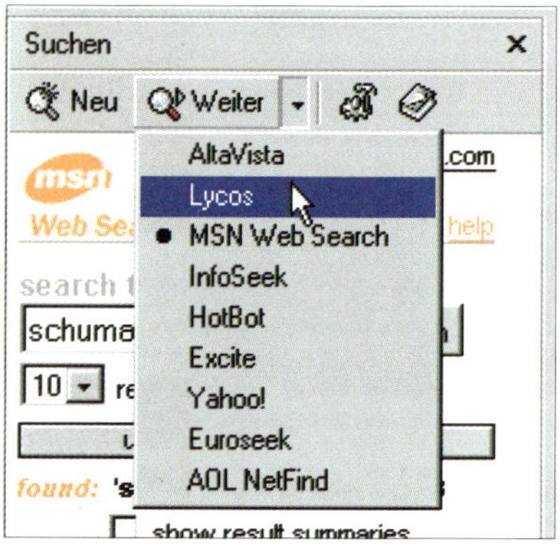

Der Internet Explorer übergibt die Suchanfrage anschließend an die gewünschte Suchmaschine; nach wenigen Augenblicken erscheinen dann die Ergebnisse der neuen Suche.

8 Sollte die Suche nicht zum gewünschten Ergebnis geführt haben, können Sie jederzeit erneut mit der Suche beginnen. Klicken Sie hierzu im linken Fensterbereich oben auf die Schaltfläche

.

Im linken Bereich erscheint dann wieder das leere Suchformular.

Spalten verschieben

Der linke Fensterbereich ist Ihnen zu schmal? Kein Problem, Sie können ihn jederzeit verbreitern. Ziehen Sie den Mauszeiger zunächst auf den senkrechten Trennbalken. Halten Sie anschließend die Maustaste gedrückt, und verschieben Sie den Trennbalken – mit weiterhin gedrückter Maustaste – an die gewünschte Position.

9 Das Suchen-Fenster läßt sich wieder ausblenden, indem Sie einfach erneut auf die Schaltfläche

klicken.

Internet-Seiten im Web.de suchen

Neben den Suchmaschinen, die Sie über die Schaltfläche

erreichen, gibt es im Internet noch weitere Suchmaschinen. Besonders für den deutschen Markt ist die Suchmaschine Web.de von Interesse. Hier finden Sie ausschließlich deutsche Internet-Seiten.

1 Um zur deutschen Suchmaschine Web.de zu gelangen, klicken Sie in der Symbolleiste des Internet Explorers auf das Eingabefeld rechts neben

Adresse.

Tippen Sie die Adresse

www.web.de

ein, und drücken Sie anschließend die die [↵]-Taste.

2 Nach wenigen Sekunden erscheint die Startseite der Suchmaschine Web.de.

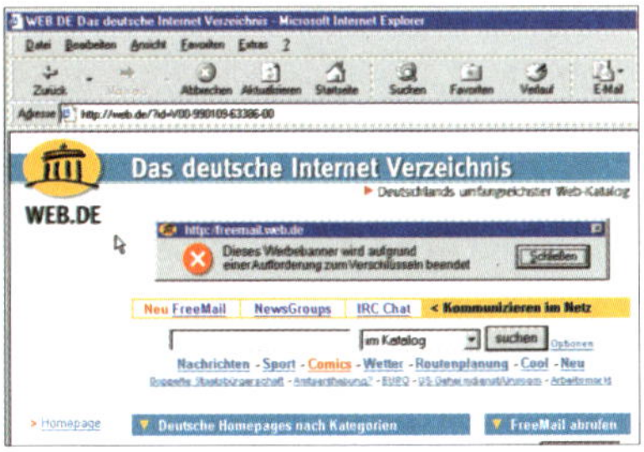

Um zum Eingabefeld für die Suchanfrage zu gelangen, drücken Sie – wenn nötig mehrmals – die [Bild↓]-Taste. Klicken Sie anschließend auf das Eingabefeld

links neben der Schaltfläche

Suchen.

Tippen Sie in das Eingabefeld den gewünschten Suchbegriff ein. Sie können auch mehrere Begriffe eintragen, die Sie durch Leerzeichen voneinander trennen, beispielsweise

`tennis becker stich`.

Web.de findet dann Seiten, in denen mindestens einer der Begriffe auftaucht. Wenn die Seiten jedoch alle Suchbegriffe beinhalten sollen, verknüpfen Sie die eingegebenen Wörter mit „und", beispielsweise in der Form

michael und schumacher.

Die Groß- und Kleinschreibung spielt bei Web.de übrigens keine Rolle. Klicken Sie auf die Schaltfläche

Suchen,

um den Suchvorgang zu starten.

3 Sofern die Suchmaschine fündig wurde, erscheint nach wenigen Sekunden die Ergebnisseite. Zunächst erfahren Sie, in wie vielen Rubriken und Einträgen Web.de etwas finden konnte. Darunter sind die Rubriken und Einträge im einzelnen aufgeführt. Sollten nicht alle Einträge sichtbar sein, drücken Sie die [Bild↓]-Taste.

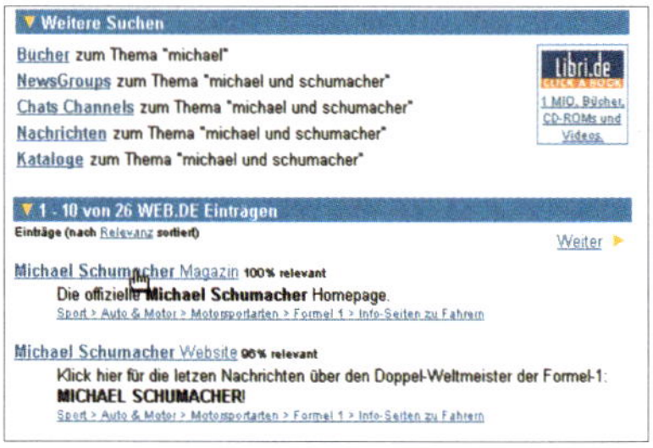

4 Alle Verknüpfungen zu den Rubriken oder den einzelnen Einträgen sind blau und unterstrichen dargestellt. Wenn Sie in eine der angebotenen Rubriken wechseln möchten, klicken Sie einfach auf den Namen der Rubrik.

Möchten Sie eine der aufgeführten Seiten aufrufen, brauchen Sie ebenfalls nichts weiter zu tun, als auf die gewünschte Verknüpfung zu klicken. Der Internet Explorer stellt dann direkt die Verbindung zur gewünschten Seite her.

Falls Web.de mehr Einträge finden sollte, als auf die Seite passen, erscheint am oberen und unteren Ende der Liste am rechten Rand der Seite die Verknüpfung

.

Klicken Sie darauf, um die nächste Seite mit Suchergebnissen einzublenden.

5 Sollte die Suche nicht zum gewünschten Ergebnis führen, empfiehlt es sich, andere Suchbegriffe zu verwenden oder die Suche durch die Kombination mehrerer Suchbegriffe stärker einzugrenzen. Eine weitere Möglichkeit bietet die Spezialsuche. Hierzu klicken Sie auf die Verknüpfung

direkt rechts neben der Schaltfläche

.

Klicken Sie anschließend auf das Eingabefeld

,

und tippen Sie die Suchbegriffe ein. Öffnen Sie danach per Mausklick auf

die Liste

,

und bestimmen Sie, ob die Seite einen oder alle eingegebenen Begriffe beinhalten soll. Auf Wunsch können Sie die Groß- und Kleinschreibung oder lediglich die Wortanfänge berücksichtigen. Kreuzen Sie in diesem Fall die Kontrollkästchen neben den Optionen

Groß/Kleinschreibung beachten

und

Nur Wortanfänge berücksichtigen

an. Starten Sie die Spezialsuche per Mausklick auf die Schaltfläche

Los geht's.

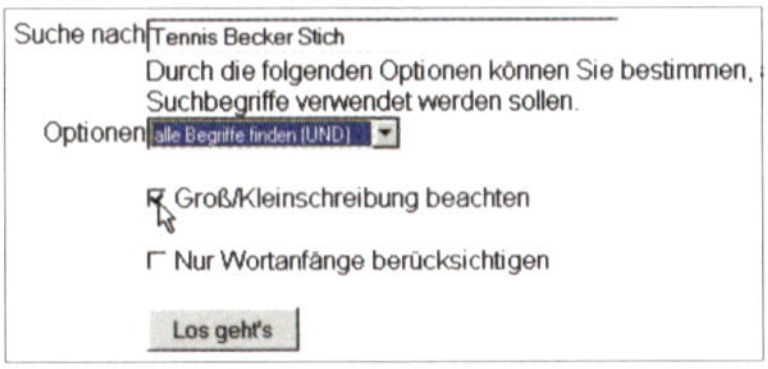

Internet-Seiten in Fireball.de suchen

Die Suchmaschine Fireball gehört mit mehreren Millionen deutschsprachigen Seiten zu den umfangreichsten deutschen Suchdiensten. Fireball empfiehlt sich vor allem dann, wenn Sie ein Spezialthema suchen.

1 Um zur Suchmaschine Fireball zu gelangen, klicken Sie in der Symbolleiste des Internet Explorers auf das Eingabefeld

Adresse

und tippen die Web-Adresse

www.fireball.de

ein. Bestätigen Sie die Eingabe mit ↵.

2 Klicken Sie – sobald die Fireball-Seite erscheint – auf das oberste Eingabefeld

Nach: ,

und tragen Sie den gewünschten Suchbegriff ein. Sie können auch mehrere Begriffe eingeben, zum Beispiel

Boris Becker Tiriac ,

und auf diese Weise die Suche einschränken. Fireball findet dann nur die Seiten, in denen alle Suchbegriffe zusammen auftauchen.

Außerdem haben Sie die Möglichkeit, nach ganz bestimmten Textpassagen zu suchen. In diesem Fall setzen Sie die gewünschte Passage in Anführungszeichen, beispielsweise

"Weltmeister Michael Schumacher".

Fireball sucht dann nur nach den Seiten, in denen exakt die Textpassage „Weltmeister Michael Schumacher“ auftaucht.

3 Unterhalb des Eingabefeldes können Sie entscheiden, ob Sie die Suche auf deutsche Seiten begrenzen oder weltweit durchführen möchten. Öffnen Sie hierzu das Listenfeld

Sprache: deutsch

per Mausklick auf den nach unten gerichteten Pfeil, und wählen Sie den gewünschten Eintrag aus, zum Beispiel deutsch.

4 Klicken Sie auf die Schaltfläche Suchen, um mit der Suche zu beginnen.

5 Im nächsten Fenster präsentiert Fireball die Ergebnisse der Suche. Zunächst erfahren Sie, wie oft der Suchbegriff gefunden wurde und wie viele Treffer Fireball anzeigt.

Darunter führt Fireball die einzelnen Treffer auf, einschließlich der ersten fünf Textzeilen der jeweiligen Seite. Rechts neben dem roten Punkt erscheint der Titel der Seite, unterhalb der Kurzbeschreibung die Internet-Adresse der jeweiligen Seite.

6 In der Regel zeigt Fireball zunächst die ersten zehn Seiten an, die den Suchkriterien entsprechen. Sollte Fireball mehr als zehn Seiten gefunden haben, können Sie die folgenden zehn Seiten einblenden, indem Sie zuerst mit der [Bild↓]-Taste zum Seitenende blättern und anschließend auf nächste Seite klicken. Mit vorige Seite gelangen Sie wieder zur vorherigen Ergebnisseite zurück. Sie können aber auch direkt auf eine der Zahlen klicken, um zur gewünschten Ergebnisseite zu gelangen.

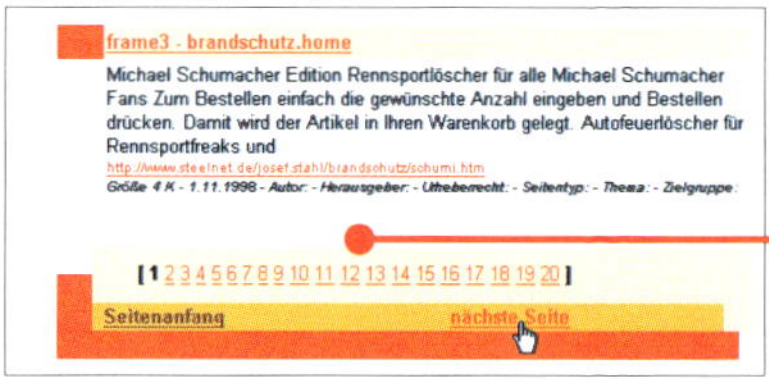

7 Neben der Express-Suche bietet Fireball die sogenannte Detailsuche, die das Suchergebnis beispielsweise auf ein bestimmtes Datum begrenzt. Sie gelangen zur Detailsuche, indem Sie im oberen Bereich der Fireball-Seite auf DETAIL-SUCHE klicken.

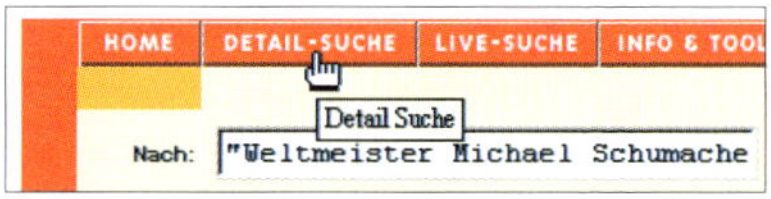

Im erweiterten Fenster stehen Ihnen im oberen Eingabefeld Suche nach: die gleichen Möglichkeiten zur Verfügung, wie bereits in Schritt 2 beschrieben. Allerdings sind einige Felder hinzugekommen, mit deren Hilfe Sie die Suche exakt eingrenzen können.

In das Feld

Sortierung:

geben Sie beispielsweise - durch Leerzeichen getrennt - die Suchbegriffe ein, die in der Trefferliste zuerst angezeigt werden sollen. Wenn Sie zum Beispiel nach

Boris Becker Wimbledon

suchen und als Sortierung

Wimbledon

eintragen, werden die Suchergebnisse nach den „Wimbledon"-Treffern sortiert. Falls Sie das Sortierfeld leer lassen, werden die Treffer ohne Sortierung ausgegeben.

8 Auf Wunsch können Sie die Suche zeitlich eingrenzen. Geben Sie in die Felder von

von

und

bis

das gewünschte Startdatum und/oder Enddatum ein, zum Beispiel

22.07.99 .

9 Sobald Sie die gewünschten Suchkriterien eingetragen haben, starten Sie den Suchvorgang, indem Sie auf die Schaltfläche

Detailsuche starten

klicken.

5 Lieblingsseiten verwalten

Jeder hat sie: Lieblingsseiten im World Wide Web, bei denen ein regelmäßiger Besuch immer wieder lohnt. Damit Sie sich die - teilweise recht langen - Internet-Adressen Ihrer Lieblingsseiten nicht merken müssen, können Sie sogenannte Favoriten festlegen. Der Internet Explorer speichert dann für Sie die vollständige Adresse der Seite als Favoriten. Wenn Sie die entsprechende Seite ein weiteres Mal aufrufen möchten, brauchen Sie nur den gewünschten Favoriteneintrag zu wählen. Den Rest erledigt der Internet Explorer. Mehr noch: Sie können bestimmte Web-Seiten sogar abonnieren. Der Internet Explorer aktualisiert dann automatisch - beispielsweise nachts - den Inhalt der Seite. Auf diese Weise können Sie später offline - also ohne aktive Internet-Verbindung - durch die abonnierten Seiten blättern.

Kapitel-Wegweiser

Lieblingsseiten als Favoriten speichern

Sie werden sehen: Ganz schnell haben Sie im weltweiten Datenverbund Ihre ganz persönlichen Lieblingsseiten ausfindig gemacht, denen Sie auch in Zukunft regelmäßig einen Besuch abstatten möchten. Seiten, die sich um das persönliche Hobby drehen, wo es etwas zu gewinnen gibt oder die einfach nur Spaß machen, sollte man sich für den nächsten Trip ins World Wide Web vormerken. Der Internet Explorer stellt hierzu besondere Funktionen zur Verfügung.

Wenn Ihnen eine Seite ganz besonders gut gefällt und Sie sie in nächster Zeit erneut aufsuchen möchten, können Sie die Adresse der Seite als sogenannte **Favoriten-Seite** speichern. Alle Seiten, die Sie als Favoriten gespeichert haben, lassen sich später blitzschnell wiederaufrufen.

1 Stellen Sie im Internet Explorer zunächst die Seite dar, die Sie als Favoriten-Seite speichern möchten.

2 Klicken Sie auf den Menübefehl

Favoriten

und anschließend auf den Befehl

Zu Favoriten hinzufügen... .

3 Im nachfolgenden Dialogfenster

Zu Favoriten hinzufügen

erscheint der aktuelle Titel der Seite, den Sie auch in der Titelleiste des Internet-Explorer-Fensters wiederfinden. Da einige Web-Seiten über wenig aussagekräftige Titel verfügen, können Sie hier noch einmal die Beschreibung der Verknüpfung verändern. Klicken Sie auf das Eingabefeld

Kostenlos.de ,

und tippen Sie die gewünschte Bezeichnung ein.

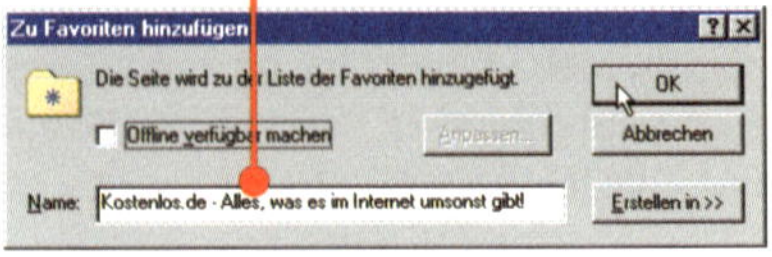

4 Schließen Sie das Dialogfenster per Mausklick auf die Schaltfläche

OK .

! Favoriten ordnen

Besonders praktisch ist es, daß Sie Einträge in der Favoriten-Liste in verschiedenen Unterordnern sortieren können. Um den Ordner zu bestimmen, in dem Sie den Favoriten-Eintrag ablegen möchten, klicken Sie im Dialogfenster

Zu Favoriten hinzufügen

auf die Schaltfläche Erstellen in >> .

Im erweiterten Dialogfenster zeigt Ihnen der Internet Explorer alle derzeit vorhandenen Ordner. Markieren Sie den Ordner, in dem Sie den Favoriten-Eintrag einfügen wollen, und bestätigen Sie das Dialogfenster mit OK .

Favoriten aufrufen

Sobald Sie für eine Seite einen Favoriten-Eintrag festgelegt haben, brauchen Sie sich die Internet-Adresse dieser Seite nicht mehr zu merken. Um zur gewünschten Seite zu gelangen, genügt es, den Favoriten zu aktivieren.

1 Wenn Sie eine Seite aufrufen wollen, für die Sie einen Eintrag in die Favoriten-Liste vorgenommen haben, klicken Sie einfach auf das Menü

.

2 Der Internet Explorer blendet daraufhin eine alphabetisch sortierte Liste aller bislang gespeicherten Favoriten ein. Um eine der aufgeführten Seiten darzustellen, klicken Sie einfach im geöffneten Menü auf den gewünschten Eintrag, beispielsweise auf

.

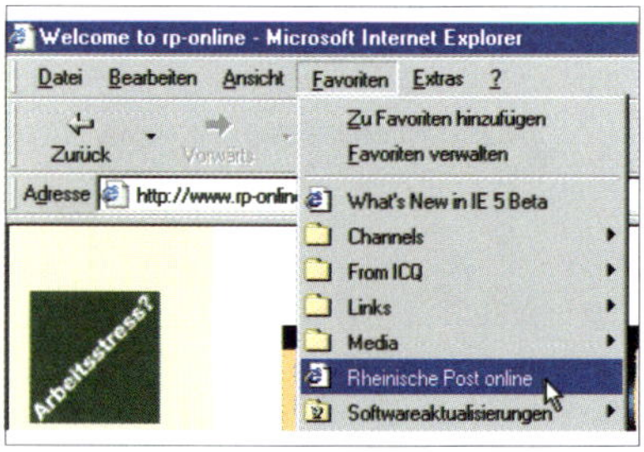

3 Der Internet Explorer kennt noch eine zweite Möglichkeit, eine der Favoriten-Seiten darzustellen. Klicken Sie hierzu in der Symbolleiste auf die Schaltfläche

.

4 Daraufhin blendet der Internet Explorer im linken Bereich des Fensters die Liste der Favoriten ein. Klicken Sie einfach auf eine der Verknüpfungen, um die gewünschte Web-Seite im rechten Teil des Fensters anzuzeigen.

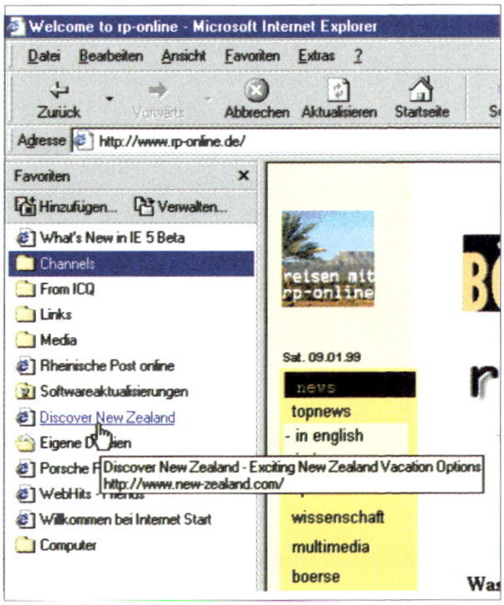

Eine kleine Arbeitserleichterung, die Ihnen im Abschnitt „Favoriten verwalten“ vorgestellt wird: Wenn Sie Ihre Favoriten in Ordnern sortiert haben (siehe Seite 54), können Sie auch auf den entsprechenden Ordner

klicken, um alle darin enthaltenen Favoriten einzublenden.

Favoriten auf der Arbeitsoberfläche ablegen

Sie können Ihre Lieblingsseiten nicht nur in der Favoriten-Liste speichern. Auf Wunsch lassen sich die Favoriten auch auf der Windows-Arbeitsoberfläche ablegen.

1 Stellen Sie zunächst die Web-Seite dar, für die Sie auf der Windows-Arbeitsoberfläche ein eigenes Symbol einrichten möchten.

2 Klicken Sie anschließend mit der rechten(!) Maustaste auf einen freien Bereich innerhalb der Web-Seite, also auf einen Bereich, in dem sich weder Text noch Grafik befindet. Daraufhin erscheint ein kleines Menü.

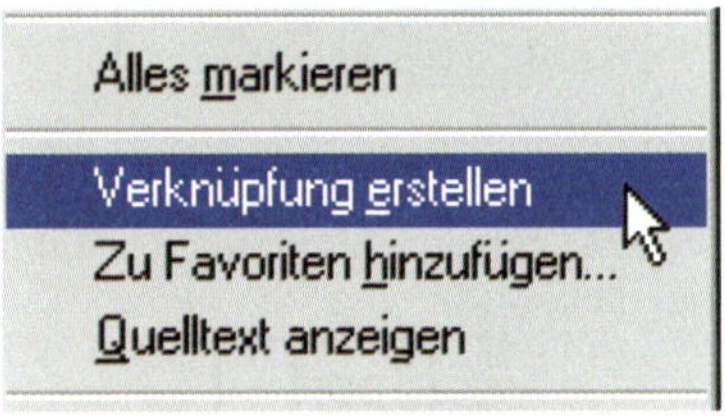

Klicken Sie hier auf den Befehl

Verknüpfung erstellen.

3 Windows weist Sie im nachfolgenden Dialogfenster darauf hin, daß eine Verknüpfung zur Seite auf dem Desktop erstellt wird.

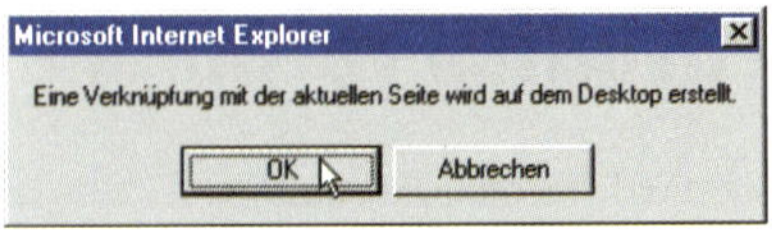

Bestätigen Sie das Dialogfenster per Mausklick auf die Schaltfläche

OK.

4 Das Symbol erscheint in der Regel am linken Rand der Windows-Arbeitsoberfläche. Wenn die Windows-Arbeitsoberfläche nicht sichtbar sein sollte, müssen Sie zunächst die noch offenen Fenster verkleinern, indem Sie in der rechten oberen Fensterecke auf das Symbol

klicken.

Anschließend finden Sie die Verknüpfung zur gewünschten Seite auf der Windows-Arbeitsoberfläche. Um die gewünschte Seite darzustellen, klicken Sie doppelt, also zweimal kurz hintereinander, auf das Symbol. Windows startet daraufhin den Internet Explorer und stellt die gewünschte Seite dar.

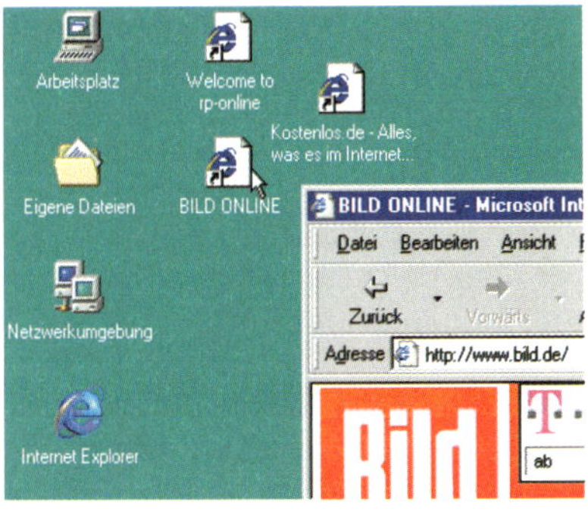

Favoriten verwalten

Sie möchten die Favoriten nach Themen gruppieren? Oder einzelne Favoriten umbenennen? Kein Problem: Die Namen sowie die Anordnung der Favoriten können Sie selbst festlegen.

1 Um die Liste der Favoriten zu sortieren oder einzelne Favoriten umzubenennen, klicken Sie auf das Menü

Favoriten

und anschließend auf den Menübefehl

Favoriten verwalten...

.

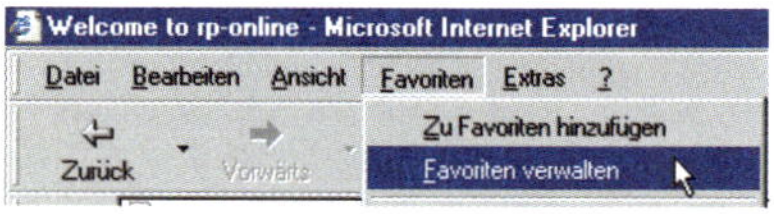

2 Es erscheint das Dialogfenster

Favoriten verwalten

, in dem alle bislang gespeicherten Favoriten abgelegt sind. Wenn Sie einem Favoriten einen neuen, aussagekräftigeren Namen geben möchten, klicken Sie zunächst auf den gewünschten Favoriten und anschließend auf die Schaltfläche

Umbenennen

.

Der entsprechende Favoriteneintrag wird daraufhin umrahmt

Rheinische Post online

und der Text blau unterlegt. Tippen Sie den neuen, von Ihnen gewählten Namen ein, und bestätigen Sie die Eingabe mit ↵.

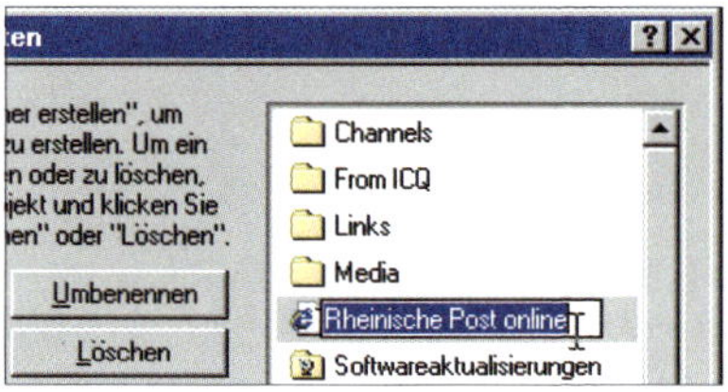

3 Mit der Zeit kann die Liste der Favoriten sehr lang werden. Dann empfiehlt es sich, die Favoriten nach Kategorien oder nach Themen zu sortieren. Hierzu richten Sie neue Unterordner ein und verschieben die Favoriten in die entsprechenden Ordner.

Um einen neuen Ordner anzulegen, klicken Sie auf die Schaltfläche

Ordner erstellen

.

Am unteren Ende der Liste erscheint daraufhin ein neuer Ordner mit dem Namen

Neuer Ordner

.

Sie können dem neuen Ordner gleich einen passenden Namen geben, indem Sie den gewünschten Namen direkt über die Tastatur eingeben, etwa

Sport

.

Drücken Sie anschließend die ↵-Taste.

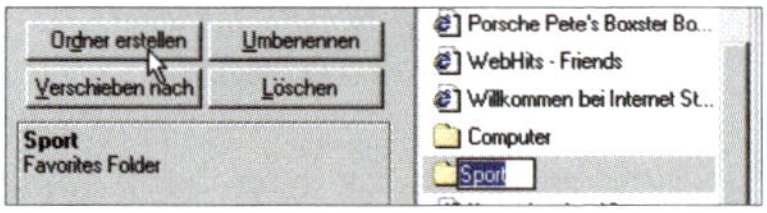

4 Sobald Sie die gewünschten Ordner eingerichtet haben, können Sie die

Favoriten in die entsprechenden Ordner verschieben. Klicken Sie zunächst auf den Favoriten, den Sie verschieben möchten, und danach auf die Schaltfläche

Verschieben nach.

5 Nun erscheint das Dialogfenster

Ordner suchen.

Klicken Sie hier auf den Ordner, in den Sie den Favoriten verschieben wollen, beispielsweise auf

Sport.

Befindet sich vor dem Ordnersymbol ein Pluszeichen

+,

sind in dem Ordner weitere Unterordner enthalten. Klicken Sie auf das Pluszeichen

+,

um die Unterordner einzublenden. Sobald Sie den gewünschten Ordner markiert haben, klicken Sie auf die Schaltfläche

OK.

Der Internet Explorer verschiebt den Favoriten dann in den gewünschten Ordner.

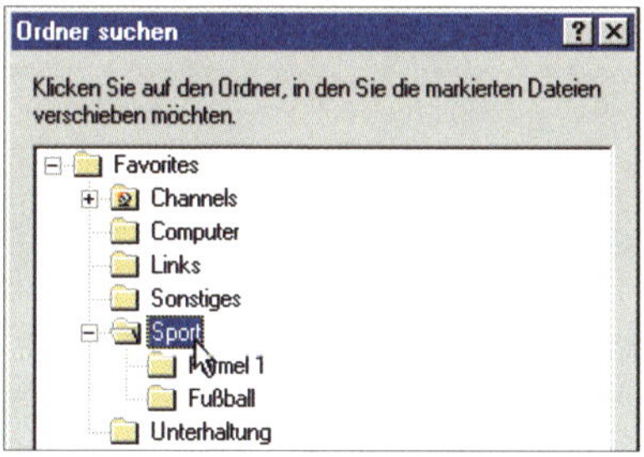

6 Wenn Sie einen Favoriteneintrag nicht mehr benötigen, zum Beispiel weil die Seite nicht mehr existiert, können Sie ihn aus der Favoriten-Liste entfernen. Hierzu klicken Sie zunächst auf den gewünschten Favoriteneintrag und anschließend auf die Schaltfläche

Löschen.

Der Internet Explorer blendet noch einmal eine Sicherheitsabfrage ein, die Sie per Mausklick auf die Schaltfläche

Ja

bestätigen.

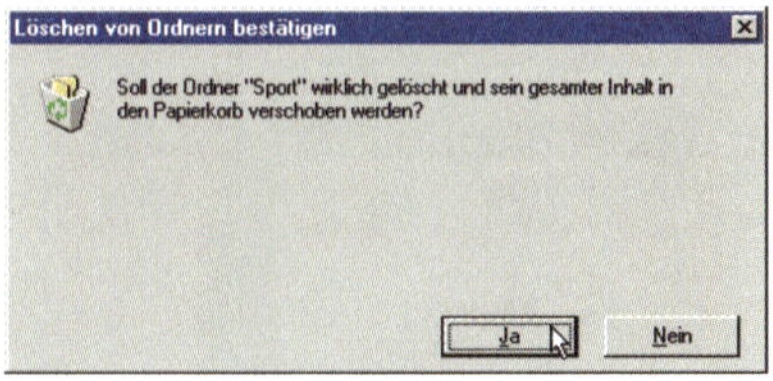

7 Sobald Sie die gewünschten Änderungen vorgenommen haben, betätigen Sie die Schaltfläche

Schließen.

Lieblingsseiten abonnieren

Mit Hilfe der Favoriten-Liste können Sie die Internet-Adressen Ihrer Lieblingsseiten speichern. Der Internet Explorer kann aber noch mehr: Auf Wunsch können Sie Web-Seiten – wie eine Tageszei-

tung – abonnieren. Der Vorteil des kostenlosen Abonnements: Der Internet Explorer überwacht die World-Wide-Web-Seite und informiert Sie über Änderungen. Auf Wunsch überträgt er sogar automatisch den vollständigen Inhalt der Seite auf Ihre lokale **Festplatte**. In diesem Fall können Sie die Internet-Verbindung trennen und offline (also ohne Telefonverbindung) durch die Seiten stöbern.

1 Stellen Sie zunächst die World-Wide-Web-Seite dar, die Sie abonnieren möchten. Klicken Sie anschließend auf das Menü

sowie auf den Befehl

.

2 Im nachfolgenden Dialogfenster ist im Feld

die Bezeichnung eingetragen, unter der der Internet Explorer das Abonnement speichert. Sollte Ihnen der Name nicht zusagen, klicken Sie auf das Eingabefeld rechts neben

und tragen eine neue Bezeichnung ein.

3 Kreuzen Sie per Mausklick das Kontrollkästchen

an, und klicken Sie anschließend auf die Schaltfläche

.

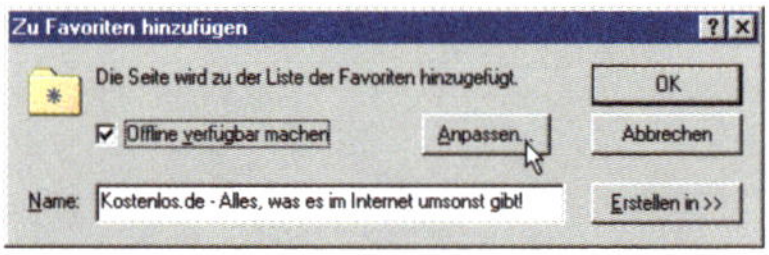

4 Der Internet Explorer startet daraufhin den Assistenten für Offline-Favoriten. Klicken Sie hier zunächst auf die Schaltfläche

.

5 Im nächsten Fenster möchte der Internet Explorer von Ihnen wissen, ob Sie nicht nur die Informationen dieser Seite, sondern auch die damit verknüpften Seiten abonnieren möchten.

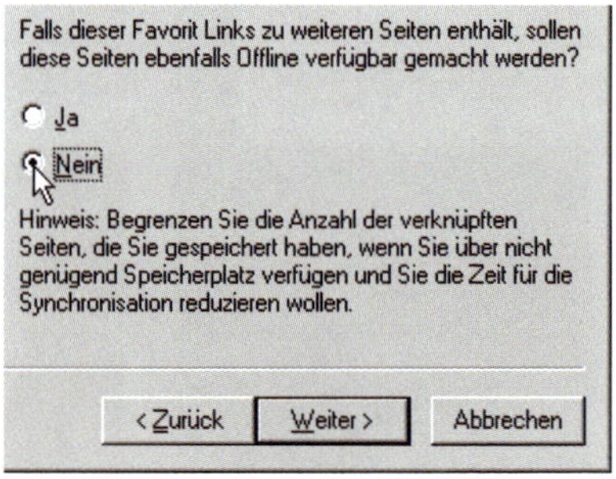

Hier empfiehlt es sich, die Frage mit

zu beantworten, um die Übertragungszeit und -kosten sowie den benötigten Speicherplatz auf der Festplatte in Grenzen zu halten. Bestätigen Sie die Auswahl mit einem Mausklick auf

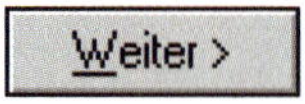

.

! Einschließlich Unterseiten

Wenn Sie sich im ersten Fenster des Assistenten für die Option

Ja

entscheiden, werden nicht nur die Hauptseite, sondern auch alle damit verknüpften Unterseiten gespeichert. Somit können Sie später ohne Telefonverbindung nicht nur durch die Hauptseite, sondern auch durch die Unterseiten blättern. Bedenken Sie jedoch, daß dieser Vorgang je nach Seite sehr lange dauern kann, insbesondere dann, wenn die Seite über sehr viele Unterseiten verfügt.

6 Im folgenden Fenster müssen Sie entscheiden, wann der Inhalt der abonnierten Seite überprüft werden soll. Um Telefonkosten zu sparen, sollten Sie per Mausklick die Option

Nur manuell synchronisieren (Option "Synchronisieren" im Menü "Extras")

aktivieren. Klicken Sie anschließend auf

Weiter >.

7 Für einige wenige - sehr wenige - Seiten wird aus Sicherheitsgründen ein Zugangskennwort benötigt. Sollte dies bei der von Ihnen gewünschten Seite der Fall sein, können Sie im nächsten Fenster die Option

Ja, mein Benutzername und Kennwort sind:

auswählen und in die darunterliegenden Eingabefelder die erforderlichen Informationen eintragen. In den meisten Fällen wählen Sie hier jedoch die Option

Nein

und klicken abschließend auf die Schaltfläche

Fertig stellen.

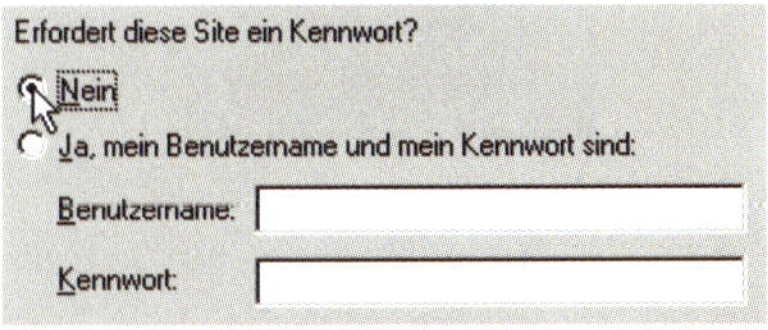

! Aktualisierung nach Zeitplan

Auf Wunsch bringt der Internet Explorer die Seite nach einem von Ihnen bestimmten Zeitplan auf den neuesten Stand, beispielsweise jeden Morgen um 8 Uhr. Wählen Sie hierzu die Option

Einen neuen Zeitplan erstellen.

Im nächsten Fenster können Sie dann das gewünschte Zeitintervall festlegen. Der Internet Explorer baut daraufhin wie von Geisterhand eine Verbindung ins Internet auf – ganz nach dem von Ihnen gewünschten Zeitplan – und aktualisiert das Abonnement.

Bei sehr vielen Abonnements kann auf diese Weise jedoch leicht der Überblick verlorengehen. Besser ist daher die Option

Nur manuell synchronisieren (Option "Synchronisieren" im Menü "Extras")

8 Schließen Sie auch das Dialogfenster

Zu Favoriten hinzufügen,

indem Sie auf die Schaltfläche

OK

klicken.

9 Der Internet Explorer beginnt anschließend mit dem Übertragen der Seiten auf die lokale Festplatte Ihres Computers. Das kann - je nach Umfang der Seite - mehrere Minuten dauern. Im Statusfenster können Sie aber jederzeit verfolgen, wie weit der Vorgang bereits gediehen ist.

Abonnements aktualisieren

Nachdem Sie eine oder mehrere World-Wide-Web-Seiten abonniert, also offline verfügbar gemacht haben, können Sie den aktuellen Inhalt der Seiten auf Ihre lokale Festplatte speichern, indem Sie das Abonnement aktualisieren.

1 Um die Abonnements zu aktualisieren, klicken Sie auf das Menü

Extras

und anschließend auf den Menübefehl

Synchronisieren.

2 Nun erscheint ein Fenster, in dem alle aktuellen Abonnements aufgeführt sind. Anhand der einzelnen Spalten des Fensters können Sie auch erkennen, wann das Abonnement zuletzt überprüft wurde.

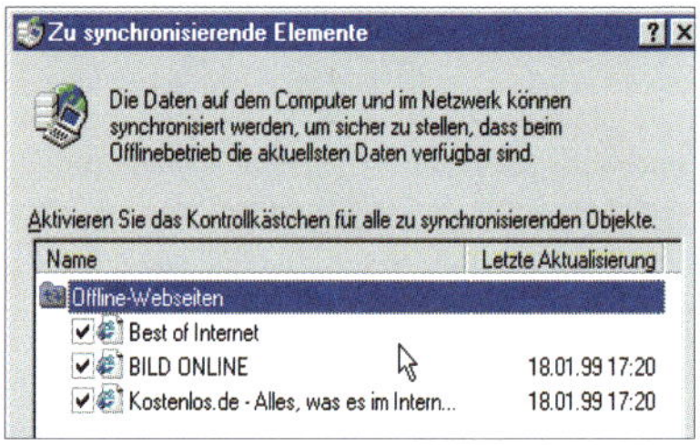
Zu synchronisierende Elemente
Die Daten auf dem Computer und im Netzwerk können synchronisiert werden, um sicher zu stellen, dass beim Offlinebetrieb die aktuellsten Daten verfügbar sind.
Aktivieren Sie das Kontrollkästchen für alle zu synchronisierenden Objekte.
Name
Letzte Aktualisierung
Offline-Webseiten
Best of Internet
BILD ONLINE
18.01.99 17:20
Kostenlos.de - Alles, was es im Intern...
18.01.99 17:20

3 Damit die Abonnements auf den aktuellen Stand gebracht werden, klikken Sie auf die Schaltfläche

Synchronisieren.

Dabei gilt: Es werden nur die Seiten synchronisiert, die im Dialogfenster mit einem Häkchen versehen sind.

4 Der Internet Explorer blendet daraufhin ein Statusfenster ein, in dem Sie den Fortgang der Aktualisierung verfolgen können. Falls notwendig, stellt der Internet Explorer zunächst eine Verbindung zum Internet her und beginnt anschließend mit der Aktualisierung.

Klicken Sie nun auf die Schaltfläche

Details>>,

um weitere Informationen einzublenden. Im erweiterten Dialogfenster erkennen Sie, welche Seiten bereits überprüft wurden und welche noch zur Überprüfung anstehen.

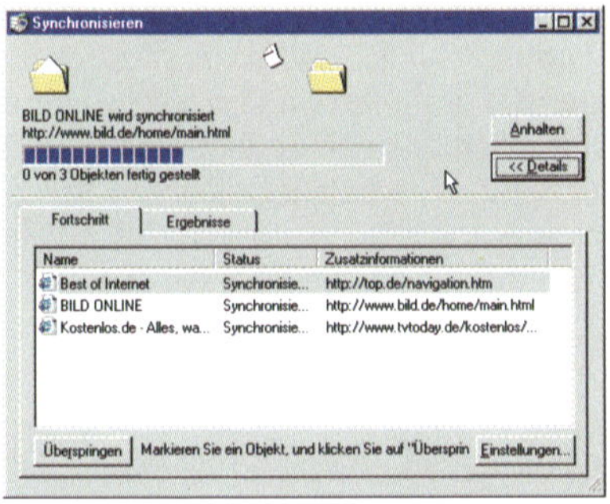

Offline durch abonnierte Seiten stöbern

Die sprichwörtliche Weisheit „Zeit ist Geld“ muß gerade bei Internet-Verbindungen ernst genommen werden. Denn jede Minute im Internet kostet Geld. Mit dem Internet Explorer können Sie jedoch eine Menge Geld sparen. Das Zauberwort heißt: **Offline** arbeiten, also ohne aktive Telefonverbindung durch das Internet stöbern. Nachdem Sie Web-Seiten abonniert und das Abonnement aktualisiert haben, besteht die Möglichkeit, offline durch die abonnierten Seiten zu blättern.

1 Damit Sie Internet-Seiten auch ohne aktive Telefonverbindung ansehen können, klicken Sie auf das

Datei -

Menü und anschließend auf den Befehl

Offlinebetrieb.

Achten Sie darauf, daß vor dem Befehl ein Häkchen erscheint.

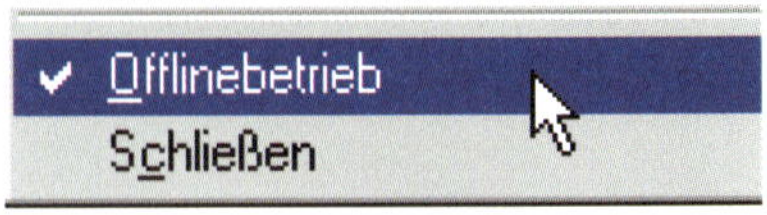

2 Der Internet Explorer wechselt jetzt in den Offline-Modus. Die Internet-Verbindung können Sie nun trennen. Daß Sie sich im Offline-Modus befinden, erkennen Sie an dem durchgestrichenen Laufwerkssymbol

in der Statusleiste des Explorer-Fensters.

! Wie funktioniert das Offline-Arbeiten?

Im Offline-Modus werden Internet-Seiten angezeigt, ohne daß Sie in dem Moment via Telefonleitung mit dem Internet verbunden sein müßten. Das Ganze funktioniert durch einen raffinierten Trick: Alle Text- und Grafikdaten einer Seite, die Sie abonniert oder bereits zuvor einmal besucht haben, speichert der Internet Explorer in einem Zwischenspeicher. Beim Offline-Browsen greift der Internet Explorer nicht auf das Internet, sondern auf den Zwischenspeicher Ihrer Festplatte zu. Somit kann der Internet Explorer alle Seiten, die Sie abonniert oder schon einmal aufgerufen haben, auch im Offline-Modus darstellen.

3 Nun können Sie offline durch die abonnierten Seiten blättern. Öffnen Sie zunächst die Liste der Abonnements, indem Sie auf das Menü

Favoriten

klicken. Wählen Sie im nachfolgenden Untermenü per Mausklick die gewünschte Seite aus, die Sie abonniert haben. Die entsprechende Seite erscheint daraufhin - ohne Telefonverbindung - im Fenster des Internet Explorers.

4 Das Aufrufen der Seiten ohne Telefonverbindung hat jedoch seine Grenzen. Denn wenn Sie eine neue Seite anfordern, die der Internet Explorer noch nicht im Zwischenspeicher ablegen konnte, ist er nicht in der Lage, die Seite darzustellen.

Ob sich eine Seite im Zwischenspeicher befindet oder nicht, erkennen Sie übrigens am Mauszeiger. Bewegen Sie den Mauszeiger auf die gewünschte Verknüpfung. Erscheint dann eine Hand

,

befindet sich die Seite im Zwischenspeicher. Sie können die Verknüpfung anklikken und die dahinterliegende Seite ohne Telefonkosten betrachten. Erscheint allerdings rechts neben der Hand ein kleines Verbotsschild ,

kann der Internet Explorer die dahinterliegende Seite im Zwischenspeicher nicht finden.

Wenn Sie die Verknüpfung nun trotz des „Verbotsschildes" anklicken, blendet der Internet Explorer ein Dialogfenster ein und macht Sie darauf aufmerksam, daß die Seite im Zwischenspeicher nicht existiert. Klicken Sie in diesem Fall auf die Schaltfläche **Verbindung herstellen**.

Der Internet Explorer schaltet dann den Offline-Modus aus und stellt eine Telefonverbindung zum Internet her.

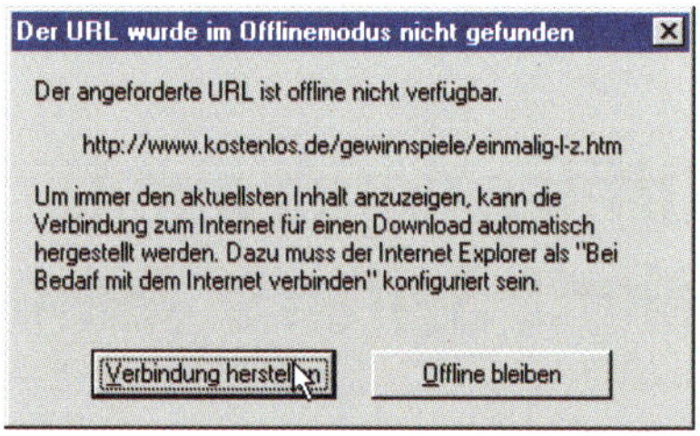

Um Telefonkosten zu sparen, können Sie jedoch auch weiterhin offline durch die Internet-Seiten blättern. Klicken Sie hierzu auf die Schaltfläche

Offline bleiben.

Bedenken müssen Sie allerdings, daß Sie dann nur Seiten aufrufen können, die sich im Zwischenspeicher Ihrer Festplatte befinden.

5 Sie können den Offline-Modus auch beenden, indem Sie erneut das Menü

Datei

und den Menübefehl

Offlinebetrieb

anklicken. Das Häkchen vor dem Befehl verschwindet daraufhin.

6 Elektronische Nachrichten schreiben

Mit dem Internet Explorer können Sie nicht nur bequem im World Wide Web surfen, sondern auch Ihre elektronische Post - **E-Mail** genannt - verwalten. Zu diesem Zweck liegt dem Internet Explorer ein E-Mail-Programm namens Outlook Express bei. Outlook Express ist praktisch Ihre Nachrichtenzentrale, in der Sie Ihre persönlichen elektronischen Nachrichten schreiben, lesen und beantworten.

Kapitel-Wegweiser

Outlook Express starten

Das Programm Outlook Express ist die Zentrale zum Lesen und Verschicken von elektronischen Nachrichten (E-Mails). Um Outlook Express, den digitalen Briefkasten, zu starten, stehen Ihnen verschiedene Möglichkeiten zur Verfügung.

1 Wenn Sie sich noch im Internet Explorer befinden, können Sie Outlook Express direkt von hier aus starten. Klikken Sie in diesem Fall auf das Menü

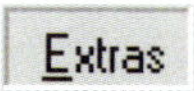

und anschließend auf den Befehl

.

Es öffnet sich ein weiteres Untermenü, aus dem Sie per Mausklick den Befehl

auswählen.

Ersatzweise können Sie auch in der Symbolleiste des Internet Explorers auf das letzte Symbol

klicken. Dann erscheint ein kleines Untermenü, in dem Sie auf den Befehl

klicken.

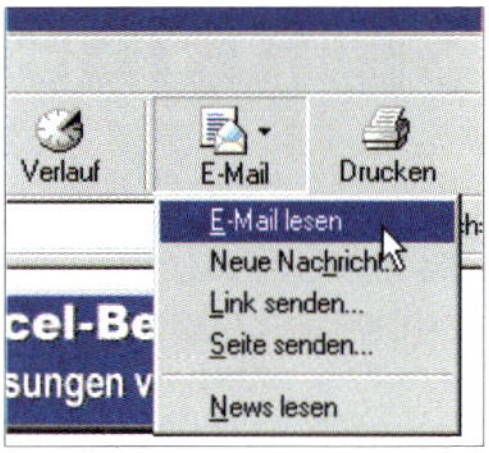

Falls der Internet Explorer gerade nicht aktiv sein sollte, können Sie Outlook Express auch von der Windows-Oberfläche aus starten. Klicken Sie auf die Schaltfläche

sowie auf

.

Im Untermenü klicken Sie auf

.

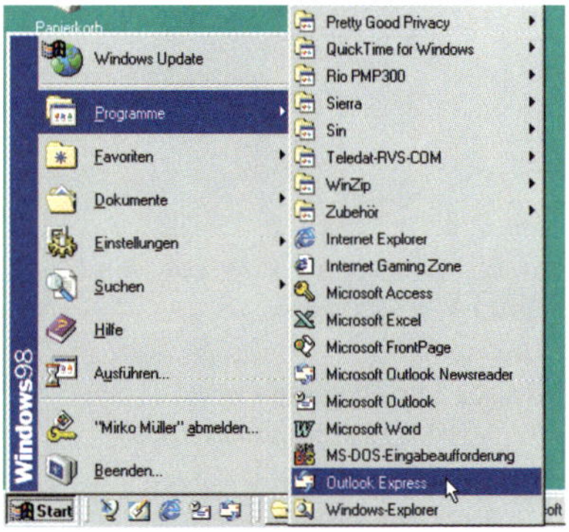

Noch schneller können Sie das Programm starten, indem Sie rechts neben der

-

Schaltfläche auf das kleine Symbol

klicken.

2 Für welche Startmethode Sie sich auch entscheiden: Wenn Sie das Programm Outlook Express zum ersten Mal in Gang setzen, erscheint zunächst der Assistent für die Konfiguration von Outlook Express. Diesen sollten Sie zunächst jedoch noch nicht nutzen. Klicken Sie daher im Fenster des Assistenten auf die Schaltfläche

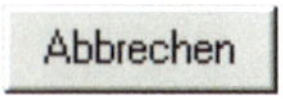

,

und bestätigen Sie die nachfolgende Sicherheitsabfrage mit

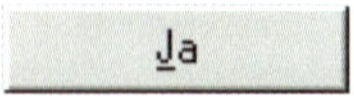

.

Sollte ein zweites Assistentenfenster erscheinen, verfahren Sie bitte genauso.

3 Nach dem Start überprüft das Programm zunächst, ob bereits eine Internet-Verbindung besteht oder nicht.

Falls Sie schon mit dem Internet verbunden sein sollten, erscheint nach dem Neustart direkt das Programmfenster von Outlook Express.

Wenn allerdings noch keine Internet-Verbindung besteht, öffnet sich das Dialogfenster

.

Hier haben Sie die Möglichkeit, sofort eine Internet-Verbindung aufzubauen und Ihren Mail-Briefkasten zu leeren. Wenn Sie ohne Internet-Verbindung mit Outlook Express arbeiten möchten (das ist durchaus möglich und spart Telefonkosten), klicken Sie einfach auf die Schaltfläche

beziehungsweise

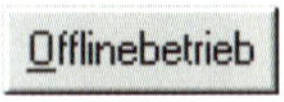

.

Möchten Sie jedoch sofort eine Telefonverbindung zum Internet aufbauen, geben Sie zunächst – falls nicht bereits geschehen – Ihren Benutzernamen und das Kennwort für den Internet-Zugang ein.

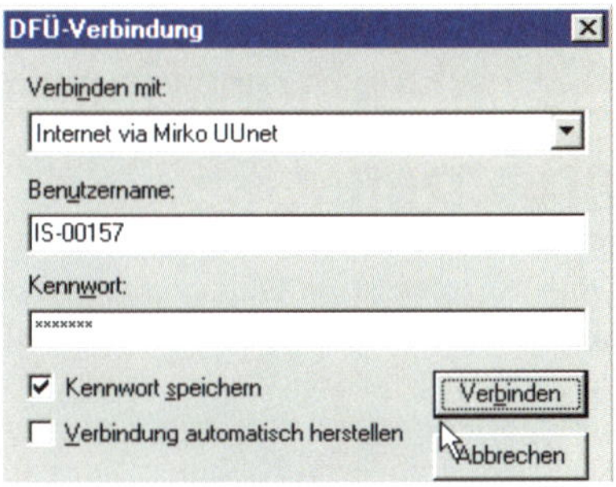

Klicken Sie anschließend auf die Schaltfläche

.

Nach wenigen Augenblicken erscheint das Programmfenster von Outlook.

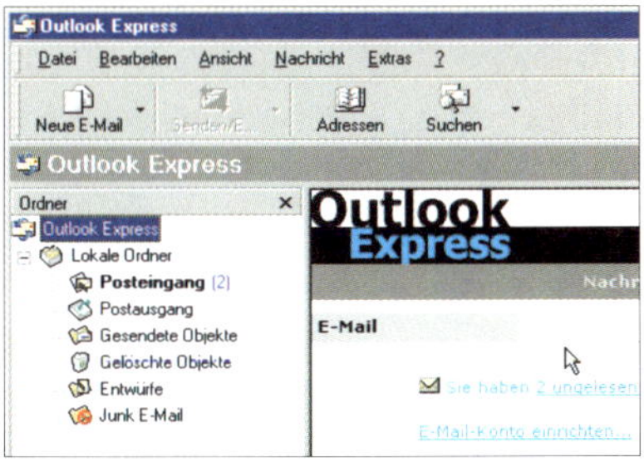

4 Um Outlook Express wieder zu schließen, brauchen Sie lediglich in der rechten oberen Ecke des Fensters auf die

[X]-

Schaltfläche zu klicken. Statt dessen können Sie auch auf das Menü

Datei

und anschließend auf den Befehl

Beenden

klicken.

E-Mail-Informationen ergänzen

Ohne Konfiguration läuft nichts. Bevor Sie Outlook Express das erste Mal nutzen können, müssen Sie das Programm konfigurieren und Ihre persönlichen Mail-Einstellungen vornehmen. Zur vollständigen Konfiguration benötigen Sie die folgenden Informationen. Fragen Sie im Zweifelsfall Ihren Netzwerk-Administrator, oder wenden Sie sich an Ihren Internet-Anbieter.

IP-Adresse oder Servername des Mail-Servers: Die Verwaltung der Nachrichten übernimmt der sogenannte **Mail-Server**, dessen **IP-Adresse** beziehungsweise Servername bekannt sein muß.

E-Mail-Adresse: Von Ihrem Internet-Anbieter beziehungsweise Netzwerk-Administrator erhalten Sie eine eindeutige E-Mail-Adresse in der Form *name@domain.de*, zum Beispiel *mirko@kostenlos.de*.

Benutzername und Kennwort für Mail-Server: Für den Zugang zum Mail-Server benötigen Sie von Ihrem Internet-Anbieter beziehungsweise Netzwerk-Administrator einen Benutzernamen sowie ein Zugangspaßwort.

Sofern Sie alle Informationen parat haben, können Sie mit der Konfiguration von Outlook Express beginnen.

1 Öffnen Sie per Mausklick das Menü

Extras,

und klicken Sie auf den Befehl

Konten... .

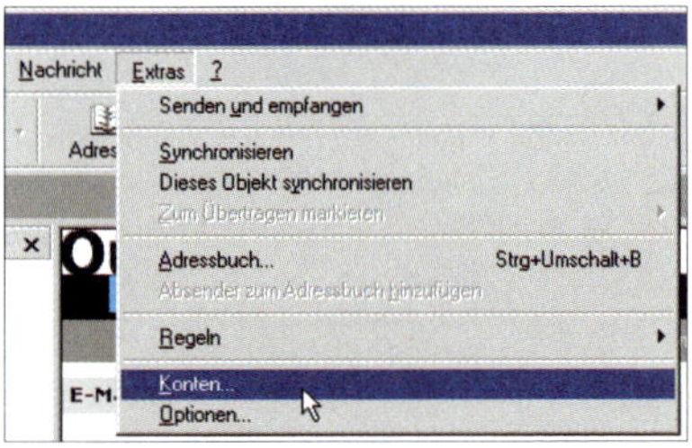

2 Im nachfolgenden Fenster klicken Sie oben rechts auf die Schaltfläche

Hinzufügen ▸.

Es erscheint ein Untermenü, aus dem Sie per Mausklick den Befehl

E-Mail...

auswählen.

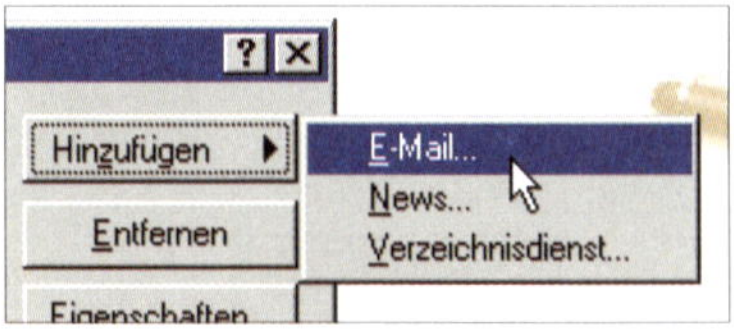

3 Outlook Express startet daraufhin den Assistenten für den Internet-Zugang. Klicken Sie im ersten Dialogfenster des Assistenten auf das Eingabefeld, und tippen Sie Ihren Vor- und Nachnamen ein.

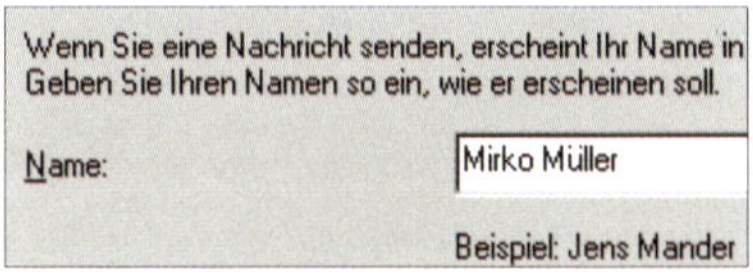

Bestätigen Sie die Eingabe per Mausklick auf die Schaltfläche

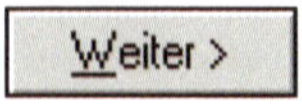

.

4 In das Eingabefeld des nächsten Dialogfensters gehört die E-Mail-Adresse, die Sie von Ihrem Internet-Anbieter erhalten haben, etwa

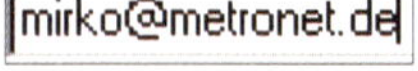

.

Das @-Zeichen erzeugen Sie übrigens mit Hilfe der Tastenkombination Alt Gr Q.

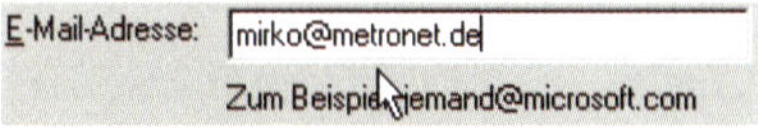

5 Klicken Sie im nächsten Fenster des Assistenten auf das Eingabefeld

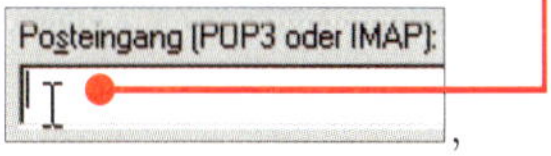

,

und tragen Sie den Internet-Namen des sogenannten **POP3-Servers** ein.

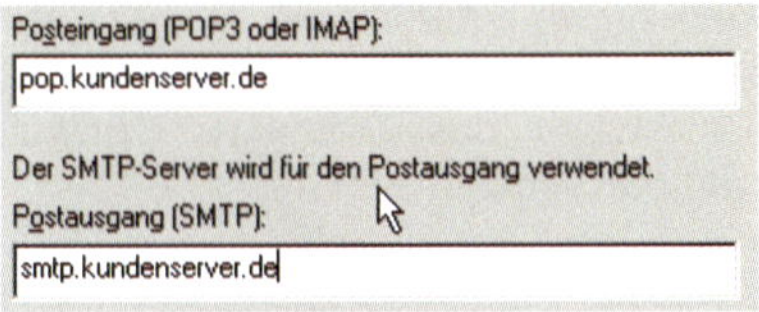

Anschließend klicken Sie auf das Eingabefeld

,

und geben den Internet-Namen des sogenannten **SMTP-Servers** ein. Bei einigen Anbietern sind übrigens beide Namen identisch.

Achtung: Einige Internet-Anbieter verwenden anstelle von Namen sogenannten **IP-Adressen**, die sich aus vier Zahlen zusammensetzen. Sollte dies der Fall sein, tragen Sie die IP-Adressen der Server ein, zum Beispiel

.

Sobald Sie beide Felder ausgefüllt haben, können Sie per Mausklick auf die Schaltfläche

mit der Installation fortfahren.

6 Klicken Sie im nächsten Dialogfenster auf das Eingabefeld

,

und tragen Sie den Benutzernamen ein, mit dem Sie sich später beim Mail-Server Ihres Internet-Anbieters anmelden müssen.

Danach klicken Sie auf das Eingabefeld

und tippen das Paßwort ein, mit dem Sie sich später ebenfalls beim Mail-Server Ihres Internet-Anbieters anmelden. Aus Sicherheitsgründen erscheinen während der Eingabe des Kennworts lediglich kleine Sternchen.

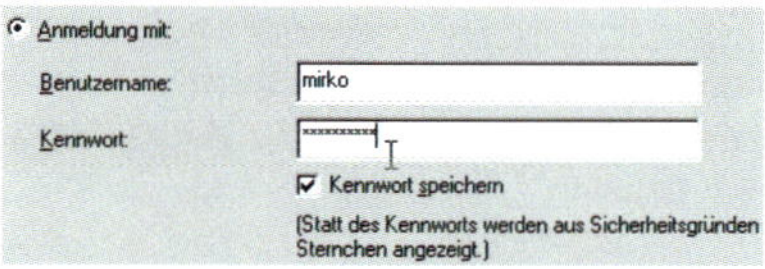

Sobald Sie die beiden Eingabefelder ausgefüllt haben, klicken Sie auf die Schaltfläche **Weiter >**.

7 Die Konfiguration von Outlook Express ist damit abgeschlossen. Klicken Sie im Dialogfenster des Assistenten auf die Schaltfläche **Fertig stellen**.

8 Im Dialogfenster **Internetkonten** betätigen Sie dann die Schaltfläche **Schließen**, um zum Programmfenster von Outlook Express zurückzugelangen.

! Änderungen vornehmen

Auch nachdem Sie Outlook Express das erste Mal konfiguriert haben, können Sie jederzeit nachträglich Änderungen vornehmen. Öffnen Sie hierzu erneut per Mausklick das Menü **Extras**, und klicken Sie auf den Befehl **Konten...**. Klicken Sie im nachfolgenden Dialogfenster auf das Register **E-Mail**, und markieren Sie per Mausklick das E-Mail-Konto, das Sie verändern möchten, zum Beispiel **Mein E-Mail-Konto**. Anschließend klicken Sie auf die Schaltfläche **Eigenschaften**. Im nächsten Fenster können Sie sich die aktuellen Einstellungen ansehen und bei Bedarf verändern. Über die Registerleiste **Allgemein | Server | Verbindung | Sicherheit | Erweitert** können Sie per Mausklick jederzeit zwischen den verschiedenen Registern des Dialogfensters wechseln und die jeweiligen Informationen des Registers einblenden, beispielsweise den Namen des E-Mail-Kontos. Sobald Sie die gewünschten Änderungen vorgenommen haben, schließen Sie das Fenster mit **OK**.

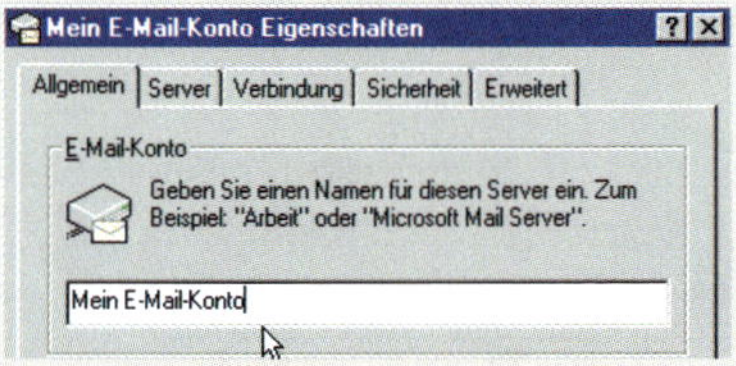

Das Adreßbuch ausfüllen

Damit eine E-Mail den richtigen Empfänger erreicht, benötigen Sie dessen E-Mail-Adresse. Aber wer hat schon Lust, die Adressen sämtlicher Freunde, Bekannte und Geschäftspartner auswendig zu lernen? Deshalb stellt Ihnen Outlook Express ein digitales Adreßbuch zur Verfügung. Hier können Sie neben der E-Mail-Adresse auch weitere Daten wie Postadresse und Telefonnummer speichern. Beim Verfassen neuer E-Mail-Nachrichten (siehe Seite 71) brauchen Sie dann nur noch das „Adreßkärtchen“ auszuwählen, damit die richtige E-Mail-Adresse automatisch eingetragen wird.

1 Klicken Sie im Outlook-Express-Fenster auf die Verknüpfung

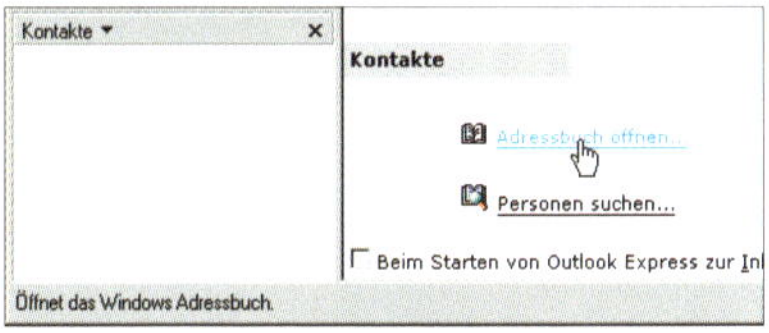

oder in der Symbolleiste auf die Schaltfläche

2 Um einen neuen Adreßbucheintrag vorzunehmen, klicken Sie im nachfolgenden Fenster auf die Schaltfläche

Es öffnet sich ein kleines Untermenü, aus dem Sie per Mausklick den Befehl

auswählen.

Blitzschnelle Kontakte

Um eine neue Adresse besonders schnell einzufügen, können Sie auch eine Abkürzung nehmen: Klicken Sie im Outlook-Express-Fenster unten links auf die Schaltfläche

, und rufen Sie aus dem nachfolgend erscheinenden Untermenü den Befehl

auf.

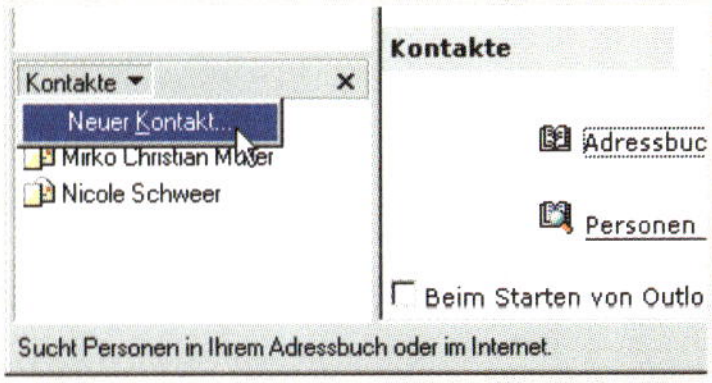

3 Im nächsten Fenster können Sie die persönlichen Daten des Adressaten eingeben. Das Prinzip ist dabei immer gleich: Klicken Sie auf das Eingabefeld

, das Sie ausfüllen möchten, und tippen Sie die gewünschten Informationen ein, etwa den Nachnamen. Besonders wichtig ist die E-Mail-Adresse. Klicken Sie auf das Eingabefeld

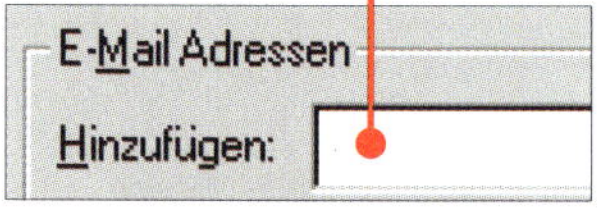

, und tragen Sie die E-Mail-Adresse des Empfängers ein, etwa

.
Klicken Sie anschließend auf die Schaltfläche

.

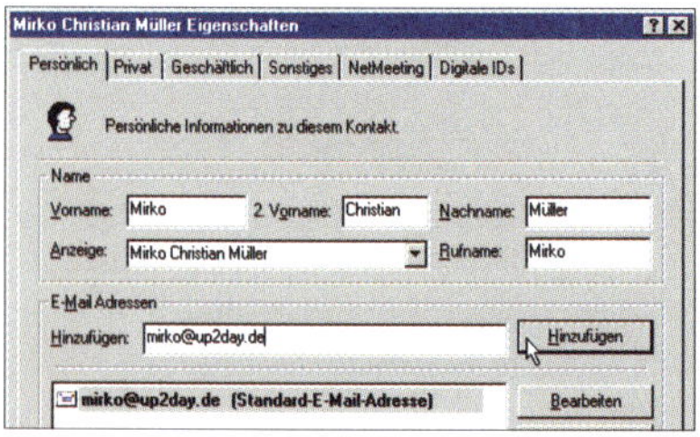

4 Sobald Sie die gewünschten Informationen eingetippt haben, schließen Sie das Dialogfenster per Mausklick auf

.
Die neue Adresse erscheint daraufhin im Adreßbuch.

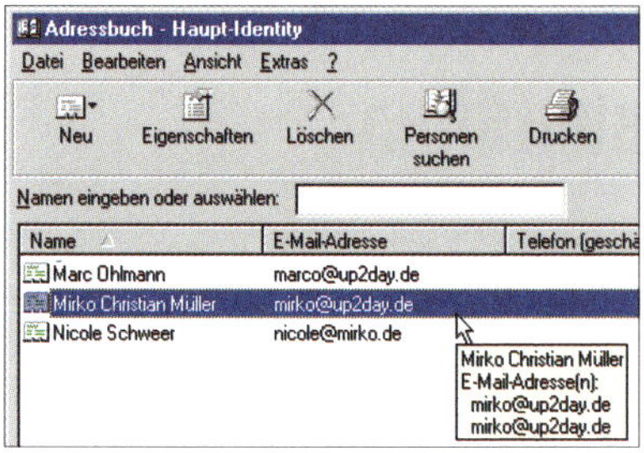

5 Wiederholen Sie die Schritte 2 bis 4, bis Sie alle gewünschten E-Mail-Adressaten in das Adreßbuch eingetragen haben. Schließen Sie das Adreßbuch, indem Sie in der rechten oberen Ecke auf

klicken. Im Fenster von Outlook Express erscheinen die Einträge im Adreßbuch übrigens in der unteren linken Ecke im Bereich

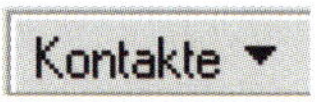

.

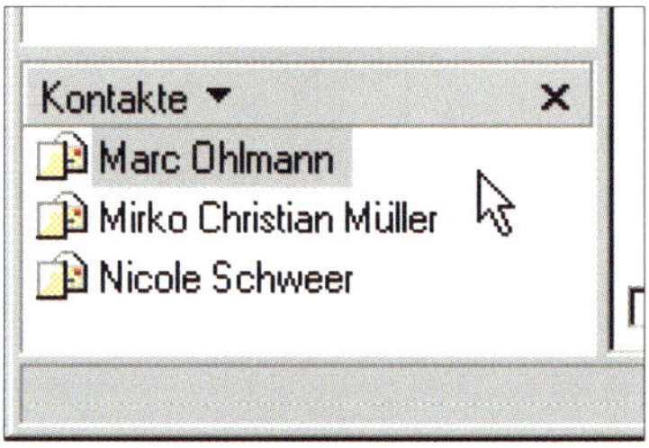

Eine neue E-Mail schreiben

Wer eine Nachricht mit Outlook Express verfassen und dann an den Empfänger schicken möchte, benötigt dafür keinen großen Zeitaufwand. Sobald der Nachrichtentext geschrieben ist, geben Sie den Empfänger (und eventuelle Empfänger von Kopien) an und schicken die Nachricht auf die Reise.

1 Um eine neue Nachricht zu verfassen, klicken Sie im Outlook-Express-Fenster auf die Verknüpfung

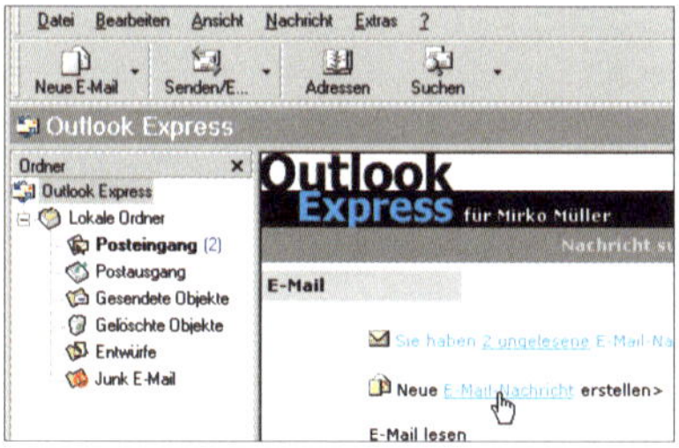

oder in der Symbolleiste auf die erste Schaltfläche

.

Ersatzweise können Sie auch auf das Menü

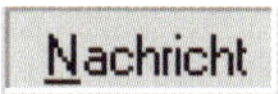

und anschließend auf den Befehl

klicken.

! Briefpapier gefällig?

Auf Wunsch können Sie Ihre E-Mail auf einem ganz bestimmten „Briefpapier" schreiben. Klicken Sie hierzu auf den nach unten weisenden Pfeil neben der Schaltfläche

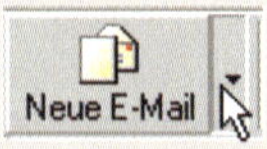

.

Es öffnet sich ein Untermenü, aus dem Sie per Mausklick das gewünschte digitale Briefpapier auswählen können.

2 Im oberen Teil des nachfolgenden Fensters finden Sie die Kopfzeilen der E-Mail-Nachricht. Das ist praktisch der Adreßaufkleber der E-Mail, in den Sie den beziehungsweise die Empfänger der E-Mail-Nachricht eintragen.

Tippen Sie in das erste Eingabefeld die E-Mail-Adresse des Empfängers, zum Beispiel

.

Wenn Sie den Empfänger bereits mit Vornamen, Nachnamen und E-Mail-Adresse in das Adreßbuch eingetragen haben (siehe vorangegangenen Abschnitt), können Sie statt der E-Mail-Adresse auch den Vor- und Nachnamen des Empfängers eingeben, so wie er im Adreßbuch eingetragen ist, beispielsweise

.

Die Eingabe der E-Mail-Adresse erübrigt sich somit.

Ersatzweise läßt sich auch das Adreßbuch öffnen und die Adresse direkt aus dem Adreßbuch beziehen. Klicken Sie hierzu auf die Schaltfläche

.

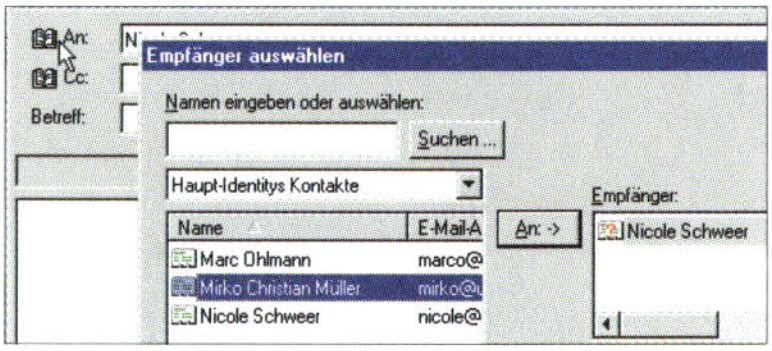

Im nachfolgenden Dialogfenster sind alle Empfänger aufgeführt, die Sie bereits in das Adreßbuch eingetragen haben. Markieren Sie per Mausklick den gewünschten Namen, und klicken Sie anschließend auf die Schaltfläche

.

Sobald Sie den beziehungsweise die Empfänger bestimmt haben, schließen Sie das Dialogfenster per Mausklick auf

.

3 Klicken Sie im oberen Bereich des Nachrichtenfensters auf die Eingabezeile

,

! Elegante Abkürzung

Wenn Sie einem Empfänger, der bereits im Adreßbuch eingetragen ist, eine neue E-Mail schreiben wollen, können Sie eine elegante Abkürzung nehmen: Alle Adreßbucheinträge finden Sie nämlich zusätzlich im Hauptfenster von Outlook Express im Bereich „Kontakte“ (unten links). Klicken Sie hier doppelt, also zweimal kurz hintereinander, auf den gewünschten Empfängernamen, und schon öffnet sich ein neues Mail-Fenster, in dem der Name des Empfängers bereits eingetragen ist.

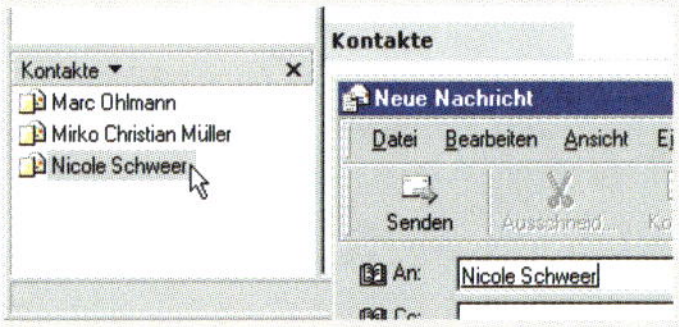

und tragen Sie den Titel der E-Mail ein, etwa

.

Der Titel sollte recht aussagekräftig sein, da das der erste Teil einer Nachricht ist, den der Empfänger liest.

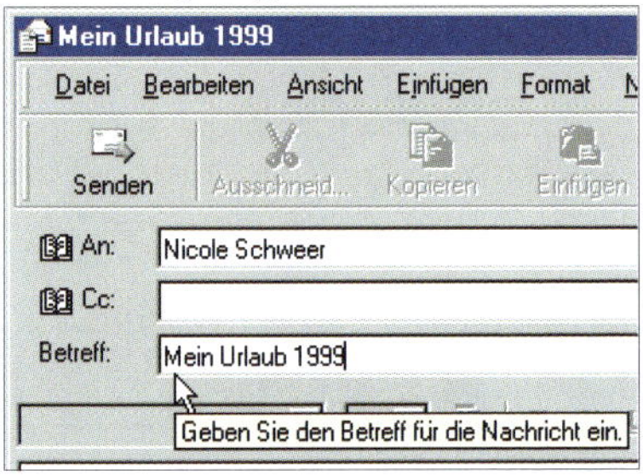

4 Klicken Sie anschließend auf die große weiße Fläche im unteren Bereich des Fensters, so daß dort die blinkende Einfügemarke erscheint.

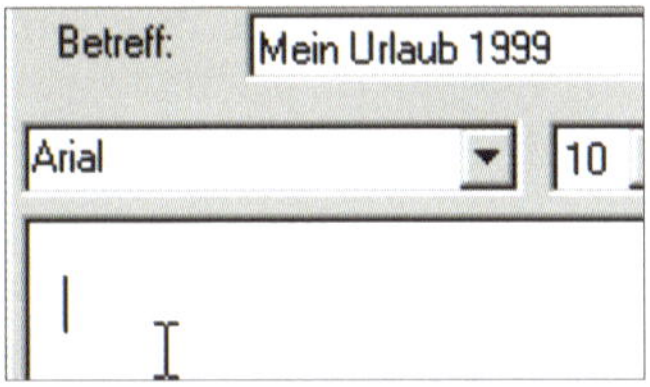
Betreff:
Mein Urlaub 1999
Arial
10

Hier geben Sie Ihren eigentlichen Nachrichtentext ein. Die Eingabe ähnelt einer Textverarbeitung wie Word oder WordPad: Tippen Sie die entsprechenden Zeichen einfach über die Tastatur ein.

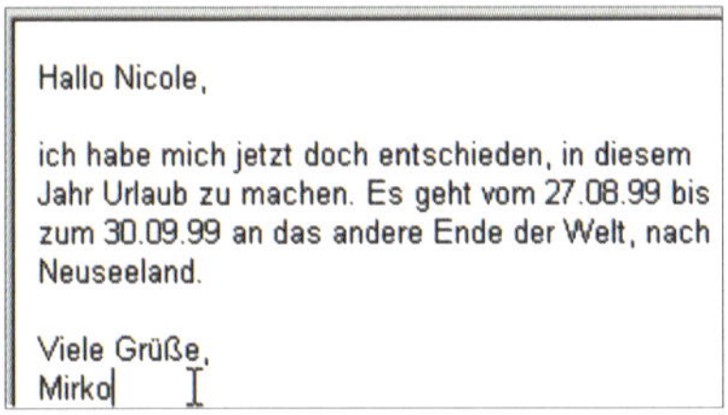
Hallo Nicole,
ich habe mich jetzt doch entschieden, in diesem Jahr Urlaub zu machen. Es geht vom 27.08.99 bis zum 30.09.99 an das andere Ende der Welt, nach Neuseeland.
Viele Grüße,
Mirko

5 Sie haben die Möglichkeit, den Nachrichtentext individuell zu formatieren, zum Beispiel mit unterschiedlichen Schriftarten, -größen und sogar -farben. Bevor Sie eine Textpassage in einer anderen Schriftart, -farbe oder -größe darstellen, müssen Sie sie markieren. Hierzu plazieren Sie den Mauszeiger zunächst vor das Wort oder den Satz, den Sie markieren möchten. Drücken Sie anschließend die linke Maustaste, und ziehen Sie den Mauszeiger – mit weiterhin gedrückter Maustaste – über die Textpassage, die Sie verändern beziehungsweise anders darstellen wollen. Sobald der gewünschte Text markiert ist, lassen Sie die Maustaste los – und schon wird der markierte Text schwarz unterlegt.

in den Urlaub zu fahren.
6.98 geht's an das ander

6 Jetzt können Sie für den markierten Teil eine neue Schriftart auswählen, indem Sie auf den nach unten weisenden Pfeil

des Listenfeldes

Arial

klicken und in der nachfolgenden Liste die gewünschte Schriftart anklicken.

Garamond
Arial Narrow
Courier
Courier New
Fixedsys
Garamond
Haettenschweiler

7 Rechts daneben finden Sie das Listenfeld für die Schriftgröße. Wenn Sie den markierten Text in einer größeren oder kleineren Schrift darstellen möchten, klikken Sie einfach auf das Listenfeld und anschließend auf die gewünschten Größe; die normale Schriftgröße beträgt 10 Punkt.

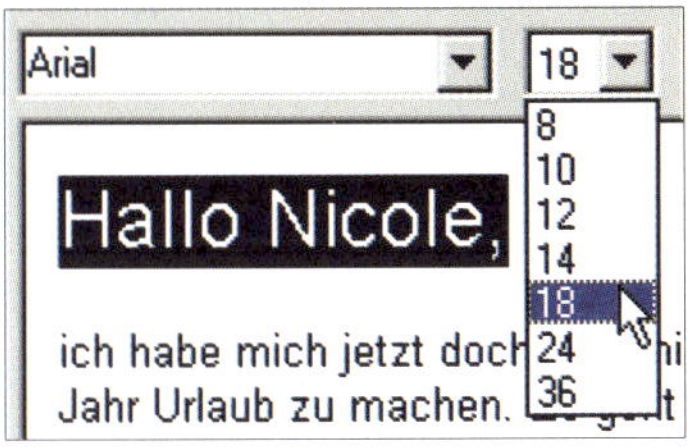
Arial
18
8
10
12
14
18
24
36
Hallo Nicole,
ich habe mich jetzt doch
Jahr Urlaub zu machen.

8 Sie können den markierten Text auch **fett**, *kursiv* oder unterstrichen darstellen. Klicken Sie hierzu einfach auf die entsprechenden Schaltflächen

, 

beziehungsweise 

.

9 Besonders reizvoll ist die Möglichkeit, den Text in verschiedenen Farben darzustellen. Markieren Sie hierzu - wie in Schritt 5 beschrieben - zunächst die gewünschte Textpassage, und klicken Sie auf die Schaltfläche

.

Es erscheint eine Liste der möglichen Farben. Klicken Sie einfach auf den gewünschten Farbton.

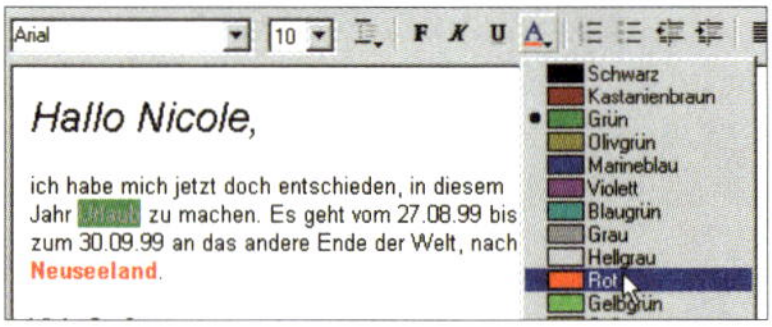

10 Sobald die Nachricht sowohl inhaltlich als auch optisch Ihren Vorstellungen entspricht, können Sie sie auf die Reise schicken. Klicken Sie hierzu auf die Schaltfläche

.

Sie können statt dessen aber auch auf das

-Menü und anschließend auf den Befehl

klicken.

Wenn Sie die Nachricht - wie oben beschrieben - optisch aufgewertet und beispielsweise mit Farbe versehen haben, erscheint ein Warnhinweis:

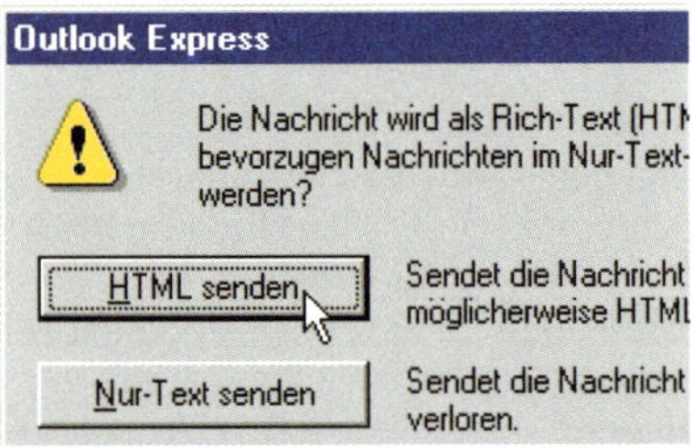

Hier macht Outlook Express Sie darauf aufmerksam, daß nicht immer alle Empfänger die Farben und anderen sogenannten HTML-Formatierungen sehen können. Wenn Sie wissen, daß der Empfänger ebenfalls mit Outlook Express oder einem ähnlichen Mail-Programm arbeitet, das HTML-Formatierungen darstellen kann, klicken Sie auf die Schaltfläche

.

Falls Sie sich jedoch nicht sicher sein sollten oder es sogar feststeht, daß der Empfänger die HTML-Formatierungen nicht lesen kann, klicken Sie auf

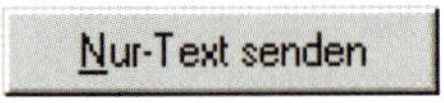

.

Die Schriftformatierungen und -farben gehen dabei allerdings verloren.

11 Die E-Mail wird daraufhin noch nicht sofort abgeschickt, sondern zunächst im Postausgang von Outlook

Express zwischengelagert. Ein Hinweisfenster macht Sie darauf noch einmal aufmerksam.

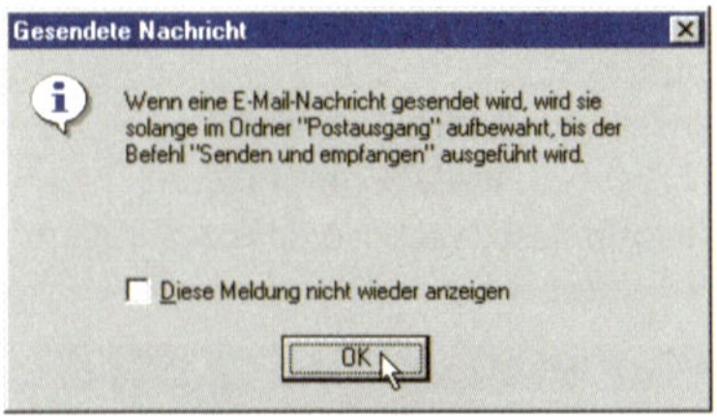
Gesendete Nachricht
Wenn eine E-Mail-Nachricht gesendet wird, wird sie solange im Ordner "Postausgang" aufbewahrt, bis der Befehl "Senden und empfangen" ausgeführt wird.
Diese Meldung nicht wieder anzeigen
OK

Bestätigen Sie das Fenster mit

OK

.

Erst wenn Sie – wie im nächsten Abschnitt beschrieben – eine Internet-Verbindung herstellen und das Postausgangsfach leeren, erreicht die E-Mail den gewünschten Empfänger.

Nachrichten senden und empfangen

Wie „im richtigen Leben" sollten Sie auch im Internet regelmäßig Ihren Briefkasten leeren. Dabei schlagen Sie gleich zwei Fliegen mit einer Klappe: Zum einen holen Sie neue Post ab, die in Ihrem Postfach auf dem Mail-Computer des Internet-Anbieters auf Sie wartet, zum anderen schicken Sie alle Nachrichten auf die Reise, die in Ihrem Postausgang auf das Versenden warten.

1 Um alle Nachrichten zu verschicken, die sich noch im Postausgang befinden, und gleichzeitig alle neuen Nachrichten abzuholen, die beim Mail-Server Ihres Internet-Anbieters auf Sie warten, klicken Sie einfach auf die Schaltfläche

Senden/E...

.

Sie können aber auch per Mausklick das Menü

Extras

öffnen und anschließend auf den Befehl

Senden und Empfangen

sowie

Alle senden und empfangen

klicken.

2 Sofern noch keine Internet-Verbindung besteht, macht Outlook Express Sie darauf aufmerksam, daß Sie sich noch im Offline-Betrieb befinden. Klicken Sie auf die Schaltfläche

Ja

,

um in den Online-Betrieb zu wechseln und eine Verbindung zum Internet aufzubauen.

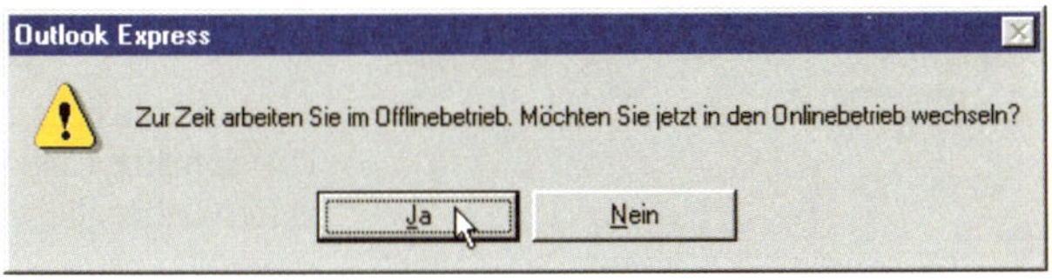
Outlook Express
Zur Zeit arbeiten Sie im Offlinebetrieb. Möchten Sie jetzt in den Onlinebetrieb wechseln?
Ja
Nein

Tragen Sie gegebenenfalls Ihren Benutzernamen und das Kennwort für den Internet-Zugang ein, und klicken Sie auf die Schaltfläche

.

Outlook Express stellt jetzt eine Telefonverbindung zu Ihrem Internet-Anbieter her. Im Statusfenster können Sie den Fortschritt des Verbindungsaufbaus verfolgen.

3 Sobald die Internet-Verbindung besteht, baut Outlook Express eine Verbindung zum Mail-Server Ihres Internet-Anbieters auf. Daraufhin verschickt das Programm alle Nachrichten, die noch im Postausgang liegen, und holt anschließend alle Nachrichten ab, die noch auf dem Mail-Server Ihres Internet-Anbieters für Sie bereit liegen. Während der gesamten Datenübertragung können Sie im Statusfenster verfolgen, wie weit der Nachrichtenversand fortgeschritten ist.

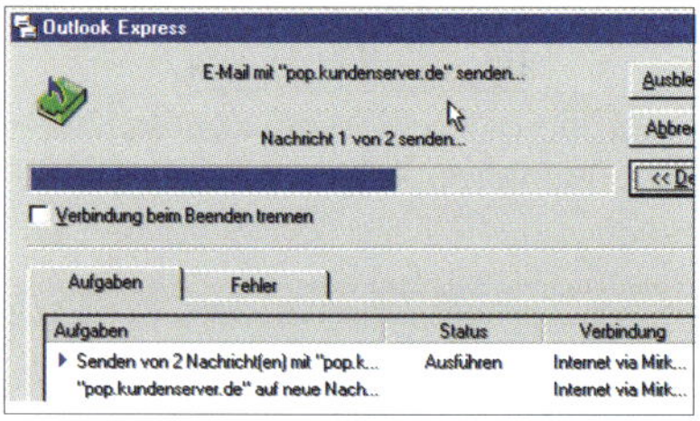

4 Wenn alle Nachrichten verschickt und empfangen wurden, wird das Statusfenster wieder geschlossen. Die Internet-Verbindung bleibt allerdings bestehen. Sie können sie aber jederzeit beenden, indem Sie im

-Menü auf

klicken. Bestätigen Sie das nachfolgende Dialogfenster

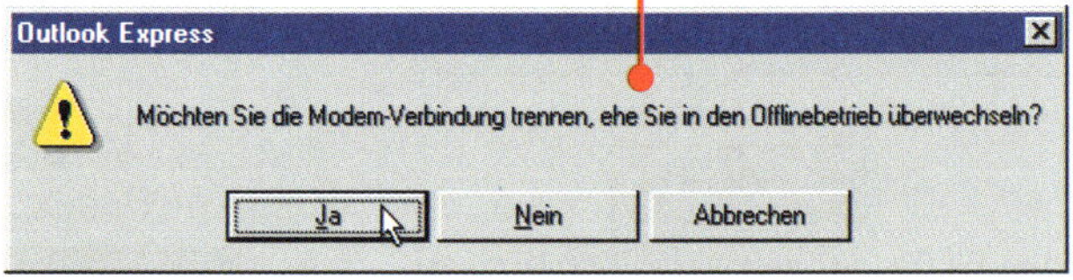

mit einen Klick auf

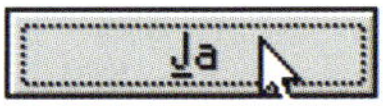

.

5 Sofern neue Nachrichten für Sie eingetroffen sind, erscheint in der Task-Leiste unten rechts ein Briefumschlagsymbol

.

Wenn Sie nun doppelt auf das

-Symbol klicken, wechseln Sie direkt zum Posteingang von Outlook Express.

Neu eingetroffene Nachrichten lesen

Alle neu eingetroffenen Nachrichten landen automatisch im Posteingang. Dort können Sie sie in aller Ruhe lesen.

1 Wie viele neue Nachrichten vorliegen, erfahren Sie im linken Fensterbereich bereits anhand des Symbols

.

Die Zahl in Klammern bezieht sich auf die Anzahl der noch nicht gelesenen Nachrichten.

Zudem erfahren Sie im Startfenster am oberen Rand des Outlook-Express-Fensters, wie viele ungelesene Nachrichten im Posteingang auf Sie warten. Sie erreichen das Startfenster, indem Sie im linken Fensterbereich auf

klicken.

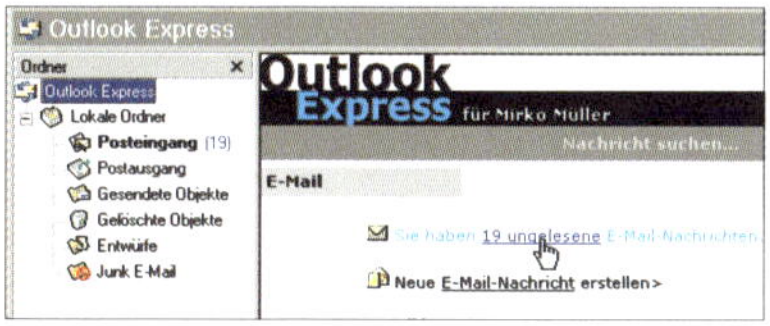

2 Um direkt zum Posteingang zu wechseln, klicken Sie entweder im Startfenster auf die blaue Verknüpfung

oder in der linken Spalte auf

.

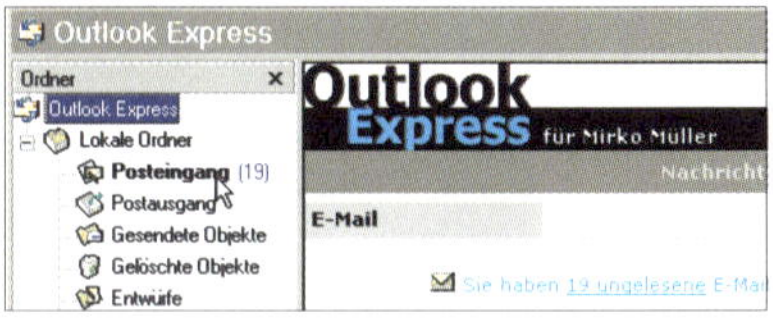

3 Im Posteingang finden Sie alle neu eingetroffenen Nachrichten. Damit Sie die neuen, noch nicht gelesenen Nachrichten von bereits gelesenen Nachrichten unterscheiden können, sind alle ungelesenen Nachrichten in einer fetten Schrift dargestellt:

Die schon gelesenen Nachrichten erscheinen hingegen in „dünner" Schrift:

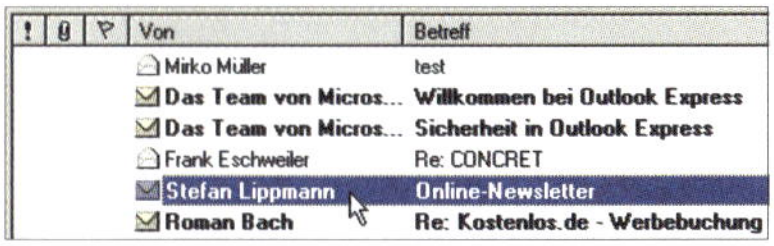

4 Wenn Sie eine der aufgeführten Nachrichten lesen wollen, klicken Sie im oberen Bereich des Fensters einfach auf den entsprechenden Betreff. Outlook Express blendet daraufhin den Nachrichtentext im unteren Bereich des Fensters ein.

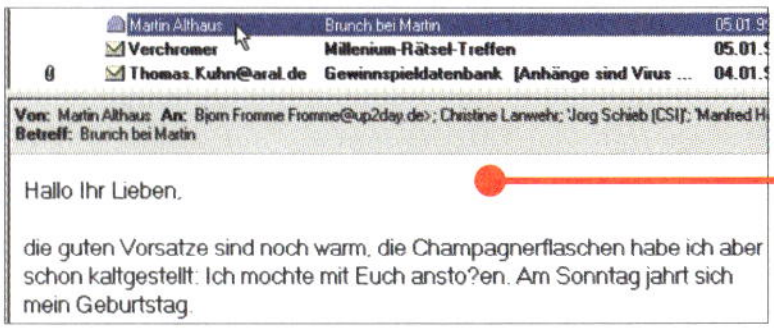

5 Sollte der Nachrichtentext nicht vollständig in das Fenster passen, erscheint am rechten Rand eine **Bildlaufleiste**. Per Mausklick auf die Pfeilschaltflächen  und  können Sie den Ausschnitt beliebig verschieben.

Sie können aber auch auf eine beliebige Stelle innerhalb des Nachrichtentextes klicken und den Ausschnitt dann mit Hilfe der Tasten Bild↑ und Bild↓ verschieben.

Nachrichten beantworten

Wenn Sie dem Absender einer E-Mail etwas mitteilen oder Ihre Meinung zu einem Thema kundtun möchten, können Sie direkt auf die eingegangene E-Mail antworten.

1 Markieren Sie zunächst die Nachricht, auf die Sie antworten wollen. Klicken Sie hierzu im oberen Fensterbereich auf den Betreff der gewünschten Nachricht.

2 Anschließend klicken Sie in der Symbolleiste von Outlook Express auf die Schaltfläche

.

Sie können statt dessen aber auch per Mausklick das Menü

Nachricht

öffnen und auf den Befehl

Verfasser antworten

klicken.

3 Nun erscheint ein neues Nachrichtenfenster. Hier hat Outlook Express im Feld

An: Martin Althaus

bereits automatisch die E-Mail-Adresse des Verfassers eingetragen. Auch das Feld

Betreff: Re: Brunch bei Martin

ist schon ausgefüllt. An dieser Stelle ergänzt Outlook Express den ursprünglichen Betreff um das Kürzel AW (für: Antwort) beziehungsweise RE (für englisch: Reply).

4 Klicken Sie auf den Eingabebereich im unteren Teil des Fensters, und tippen Sie Ihren Antworttext ein.

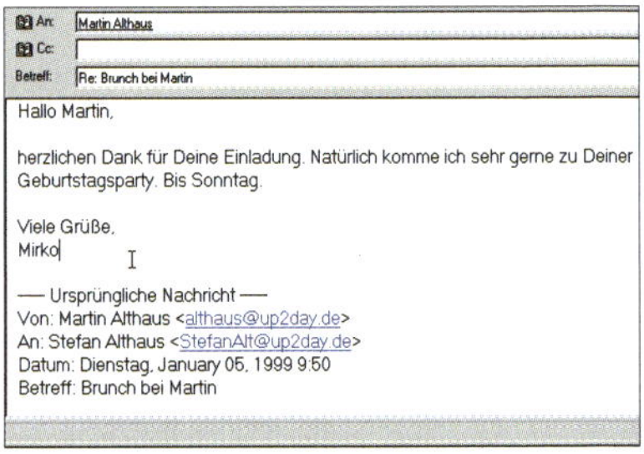

Besonders praktisch: Unterhalb Ihres Antworttextes steht im Bereich

-----Ursprüngliche Nachricht-----

- sozusagen als Zitat - der Originaltext des Verfassers. Der Empfänger der Antwort weiß also dank der zitierten Originalnachricht sofort, worauf sich Ihre Antwort bezieht.

5 Sobald das Antwortschreiben Ihren Wünschen entspricht, können Sie es auf die Reise schicken. Klicken Sie hierzu auf die Schaltfläche

Senden.

Sie können aber auch auf das

Datei-

Menü und anschließend auf den Befehl

Nachricht senden

klicken. Outlook Express baut daraufhin sofort eine Verbindung ins Internet auf und schickt die E-Mail-Nachricht an den Mail-Server Ihres Internet-Anbieters. Klikken Sie zum Verbindungsaufbau im nachfolgenden Dialogfenster gegebenenfalls auf die Schaltfläche

Verbinden.

Sie können die Antwort aber auch erst in den Postausgang legen, indem Sie auf das Menü **Datei**

und den Befehl

Später senden

klicken. Wie Sie alle Nachrichten, die sich im Postausgang befinden, „in einem Rutsch" verschicken, erfahren Sie weiter vorne im Abschnitt „Nachrichten senden und empfangen" auf Seite 75.

Nachrichten verwalten

Wenn Sie Outlook Express intensiv nutzen, werden Sie schnell feststellen, daß sich mit der Zeit eine Menge Nachrichten ansammeln, vor allem im Posteingang. Damit Sie die Übersicht behalten, können Sie die Nachrichten in getrennten Ordnern sortieren und aufbewahren.

1 Um einen neuen Ordner anzulegen, in den Sie später Ihre Nachrichten ablegen können, öffnen Sie per Mausklick das Menü

Datei

und klicken auf den Befehl

Ordner.

Wählen Sie im nachfolgenden Untermenü den Befehl

Neu....

2 Es erscheint das Dialogfenster

Ordner erstellen.

Tragen Sie hier in das Eingabefeld

Ordnername:

den gewünschten Namen des neuen Ordners ein, etwa

Privat, **Projekte** oder **Wichtige Briefe**.

Klicken Sie im unteren Teil des Dialogfensters auf den Ordner, in dem der neue

Ordner später angelegt werden soll, beispielsweise auf

Lokale Ordner.

Bestätigen Sie die Auswahl per Mausklick auf die Schaltfläche

OK.

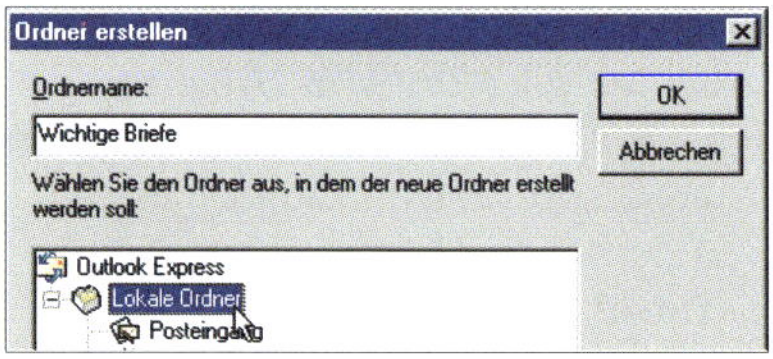

3 Damit die selbstgewählte Ordnerstruktur auch Sinn macht, sollten Sie alle eingehenden Nachrichten in die entsprechenden Ordner verschieben und beispielsweise nach Themengebieten oder Projekten sortieren.

Wechseln Sie jetzt zum Posteingang, indem Sie links auf

Posteingang

klicken. Danach klicken Sie in der rechten Fensterhälfte auf den Betreff der Nachricht, die Sie in einen anderen Ordner verschieben möchten.

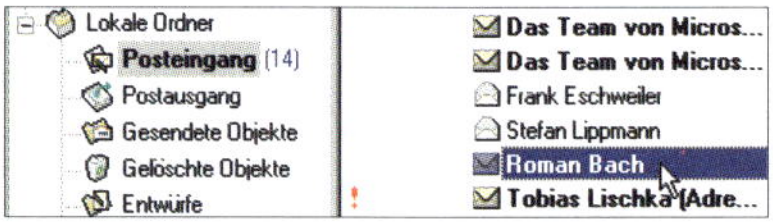

4 Öffnen Sie anschließend per Mausklick das Menü

Bearbeiten,

und klicken Sie auf den Befehl

Verschieben nach Ordner... .

5 Im nächsten Dialogfenster zeigt Ihnen Outlook Express eine Übersicht aller verfügbaren Ordner.

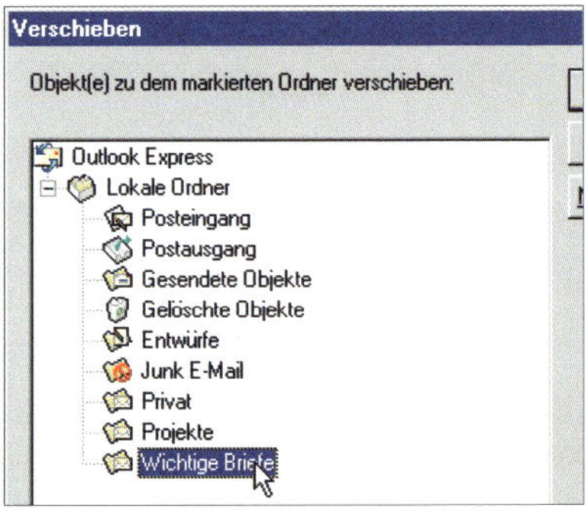

Markieren Sie per Mausklick den gewünschten Ordner, beispielsweise

Wichtige Briefe.

Bestätigen Sie die Auswahl, indem Sie auf die Schaltfläche

OK

klicken.

6 Outlook Express entfernt die Nachricht dann aus dem Posteingang und legt sie im jeweiligen Ordner ab.

7 Wenn Sie einen Blick in einen anderen Ordner werfen möchten, klicken Sie in der linken Fensterhälfte einfach auf den gewünschten Ordnernamen. Im rechten Bereich des Fensters erscheinen anschließend alle Nachrichten, die sich in diesem Ordner befinden.

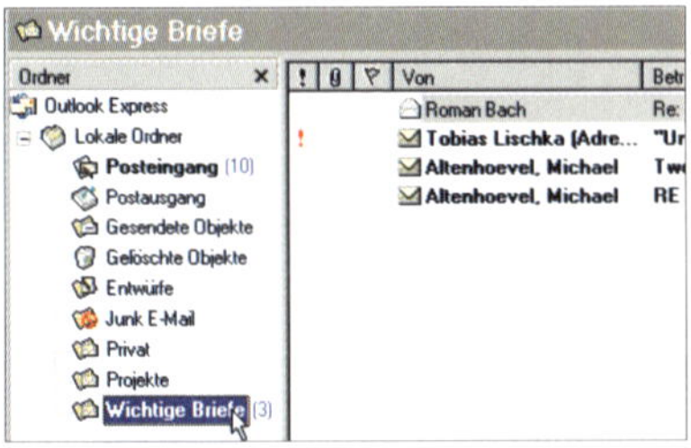

8 Falls Sie eine Nachricht nicht mehr benötigen, sollten Sie sie löschen. Das spart nicht nur Speicherplatz, sondern erhöht auch die Übersicht im jeweiligen Ordner.

Markieren Sie zunächst die zu löschende Nachricht, indem Sie auf den Betreff der jeweiligen Nachricht klicken.

9 Klicken Sie anschließend in der Symbolleiste auf die Schaltfläche

,

oder drücken Sie einfach die [Entf]-Taste. Die entsprechende Nachricht wird dann aus der Liste entfernt.

Löschen wieder rückgängig machen

Gelöschte Nachrichten werden nicht sofort entfernt, sondern landen zunächst im Papierkorb-Ordner. Wenn Sie eine Nachricht also versehentlich gelöscht haben, können Sie sie jederzeit wieder aus dem digitalen Papierkorb herausfischen. Klicken Sie links in der Symbolleiste auf

,

um alle gelöschten Nachrichten einzublenden. Um eine gelöschte Nachricht wiederherzustellen, verschieben Sie sie einfach – wie in Schritt 4 und 5 beschrieben – in einen anderen Ordner.

7 In Diskussionsforen stöbern

Das Internet besteht nicht nur aus dem populären World Wide Web. Auch die sogenannten Diskussionsforen - Newsgroups genannt - erfreuen sich immer größerer Beliebtheit. Doch was sind eigentlich Diskussionsforen?

Sie können sich Diskussionsforen als digitale schwarze Bretter vorstellen, die jeweils ein ganz bestimmtes Thema behandeln. Die Vielfalt ist enorm: So gibt es Foren zu den verschiedensten Bereichen, die sich keinesfalls nur auf Computer, Hardware oder Software beschränken. Auch der Michael-Jackson-Fanclub, die Vereinigung der Brieftaubenzüchter oder die Fans klassischer Literatur haben ihre eigene Newsgroup. Zur Zeit existieren im Internet über 15 000 unterschiedliche Diskussionsforen, und es werden immer mehr.

In den „schwarzen Brettern" können Sie sowohl Nachrichten lesen als auch Antworten auf bereits verfaßte Nachrichten schreiben. In den meisten Fällen treffen Sie auf Benutzer, die mit den gleichen Problemen zu kämpfen haben oder das gleiche Interesse verfolgen wie Sie. Es kann daher durchaus passieren, daß Sie mit Hilfe Ihres Diskussionsforums ein bislang ungelöstes Problem plötzlich in den Griff bekommen. Wichtig ist hier natürlich, daß Sie auch selbst etwas zu dem Informationsaustausch beitragen können, denn davon leben die Diskussionsforen.

Kapitel-Wegweiser

Outlook Newsreader starten

Wer in den Diskussionsforen stöbern und an den Diskussionen teilhaben möchte, verwendet das Programm Outlook Newsreader. Um Outlook Newsreader zu starten, stehen Ihnen verschiedene Möglichkeiten offen.

1 Wenn Sie sich noch im Internet Explorer befinden, können Sie Outlook Newsreader direkt von hier aus starten. Klicken Sie in diesem Fall auf das Menü

Extras

und anschließend auf den Befehl

E-Mail & News.

Es öffnet sich ein weiteres Untermenü, aus dem Sie per Mausklick den Befehl

News lesen

auswählen.

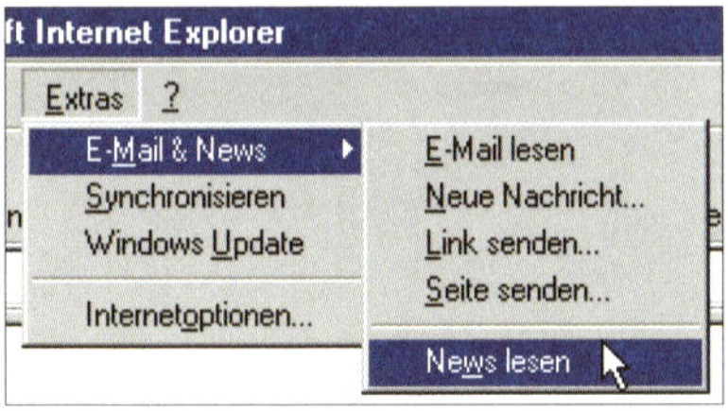

Ersatzweise können Sie auch in der Symbolleiste des Internet Explorers auf das letzte Symbol E-Mail klicken. Dann erscheint ein kleines Untermenü, in dem Sie auf den Befehl

News lesen

klicken.

Falls der Internet Explorer gerade nicht aktiv sein sollte, können Sie Outlook Newsreader auch von der Windows-Oberfläche aus starten. Klicken Sie auf die Schaltfläche Start

sowie auf Programme.

Im Untermenü klicken Sie auf

Microsoft Outlook Newsreader.

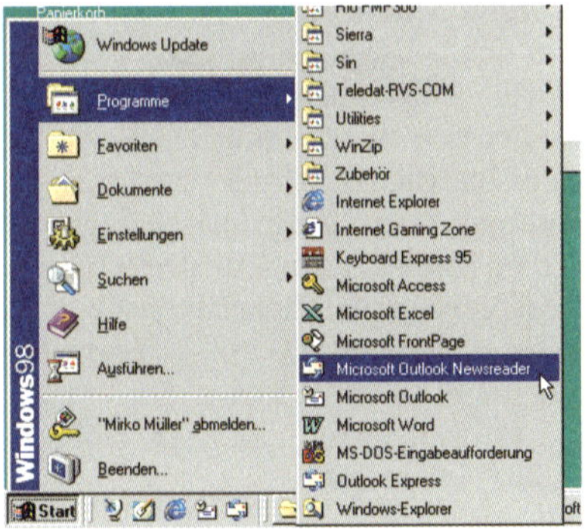

2 Für welche Startmethode Sie sich auch entscheiden: Wenn Sie das Programm Outlook Newsreader zum ersten Mal in Gang setzen, erscheint zunächst der Assistent für die Konfiguration von Outlook Newsreader. Diesen sollten Sie zunächst jedoch noch nicht nutzen. Klicken Sie daher im Fenster des Assistenten auf die Schaltfläche

Abbrechen,

und bestätigen Sie die nachfolgende Sicherheitsabfrage mit

Ja.

Sollte ein zweites Assistentenfenster erscheinen, verfahren Sie bitte genauso.

3 Nach dem Start überprüft das Programm zunächst, ob bereits eine Internet-Verbindung besteht oder nicht.

Falls Sie schon mit dem Internet verbunden sein sollten, erscheint nach dem Neustart direkt das Programmfenster von Outlook Newsreader.

Sollte jedoch noch keine Internet-Verbindung bestehen, erscheint das Dialogfenster DFÜ-Verbindung.

Hier haben Sie die Möglichkeit, sofort eine Internet-Verbindung aufzubauen und eine Verbindung zum Newsgroup-Server Ihres Internet-Anbieters herzustellen. Wenn Sie ohne Internet-Verbindung mit Outlook Newsreader arbeiten möchten (das ist durchaus möglich und spart Telefonkosten), klicken Sie einfach auf die Schaltfläche

Abbrechen

beziehungsweise

Offlinebetrieb.

Möchten Sie jedoch sofort eine Telefonverbindung zum Internet aufbauen, geben Sie zunächst - falls nicht bereits geschehen - Ihren Benutzernamen und das Kennwort für den Internet-Zugang ein. Klicken Sie anschließend auf die Schaltfläche Verbinden.

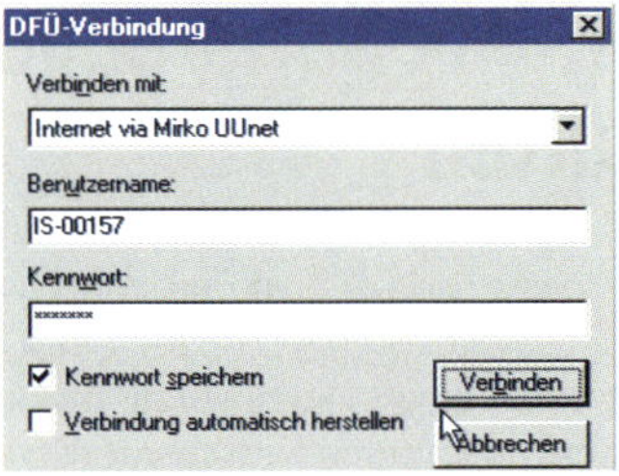

Nach wenigen Augenblicken erscheint das Programmfenster von Outlook Newsreader. Lassen Sie sich nicht irritieren: Das Outlook-Newsreader- und das Outlook-Express-Fenster sind täuschend ähnlich. Der Hauptunterschied besteht darin, daß beim Outlook Newsreader in der Ordnerliste links ganz oben ein zusätzlicher Eintrag aufgeführt ist, nämlich „Outlook News“, und daß die Schaltfläche „Neue E-Mail“ nicht zur Verfügung steht.

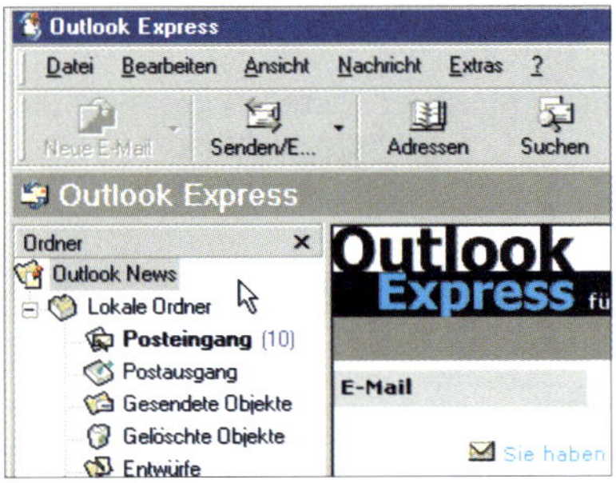

4 Um Outlook Newsreader wieder zu schließen, brauchen Sie lediglich in der rechten oberen Ecke des Fensters auf die X-Schaltfläche zu klicken. Statt dessen können Sie auch auf das Menü Datei und anschließend auf den Befehl

Beenden

klicken.

News-Konfiguration ergänzen

Bevor Sie die Diskussionsforen das erste Mal nutzen können, müssen Sie Outlook Newsreader konfigurieren und Ihre persönlichen News-Einstellungen eintragen. Zur vollständigen Konfiguration benötigen Sie die folgenden Informationen. Fragen Sie im Zweifelsfall Ihren Netzwerk-Administrator, oder wenden Sie sich an Ihren Internet-Anbieter:

E-Mail-Adresse: Damit Ihre Fragen beantwortet werden können, müssen Sie über eine E-Mail-Adresse verfügen.

IP-Adresse oder Servername des News-Servers: Sämtliche Nachrichten werden auf dem sogenannten **News-Server** verwaltet, dessen IP-Adresse beziehungsweise Servername bekannt sein muß.

Sofern Sie alle Informationen parat haben, können Sie mit der Konfiguration von Outlook Newsreader beginnen.

1 Öffnen Sie per Mausklick das Menü

Extras,

und klicken Sie auf den Befehl

Konten....

2 Klicken Sie im nachfolgenden Fenster auf die Schaltfläche

Hinzufügen ▸.

Es erscheint ein Untermenü, aus dem Sie per Mausklick den Befehl

News...

auswählen.

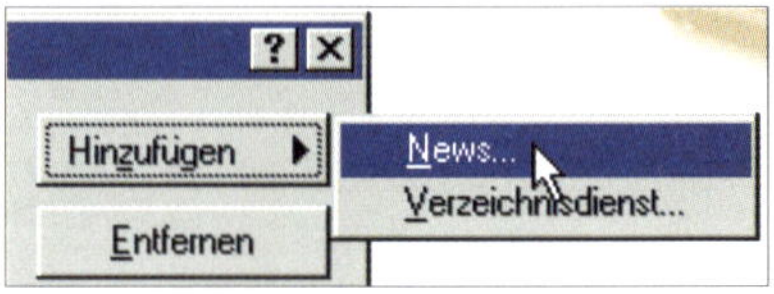

3 Outlook Newsreader startet daraufhin den Assistenten für den Internet-Zugang. Klicken Sie im ersten Dialogfenster des Assistenten auf das Eingabefeld hinter „Name" [ ], und tippen Sie Ihren Vor- und Nachnamen ein.

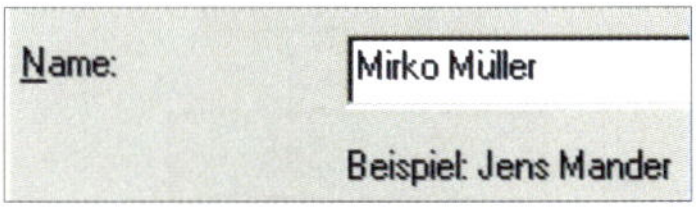

Bestätigen Sie die Eingabe per Mausklick auf die Schaltfläche

Weiter >.

4 Tragen Sie in das Eingabefeld des nächsten Dialogfensters die E-Mail-Adresse ein, die Sie von Ihrem Internet-Anbieter erhalten haben. Das @-Zeichen

erzeugen Sie übrigens mit Hilfe der Tastenkombination [Alt Gr] [Q].

5 Geben Sie im folgenden Fenster den Internet-Namen des News-Servers ein, etwa

personalnews.germany.eu.net.

Die genaue Adresse erhalten Sie von Ihrem Internet-Anbieter.

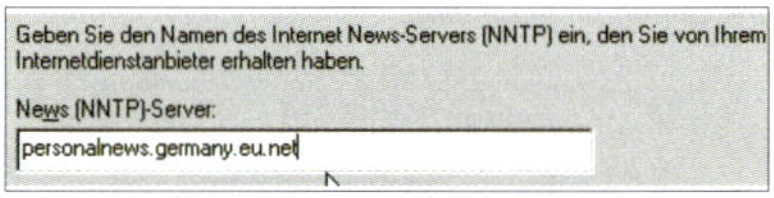

Klicken Sie auf die Schaltfläche

[Weiter >],

um mit der Konfiguration fortzufahren.

6 Die News-Konfiguration von Outlook Newsreader ist damit abgeschlossen. Klicken Sie im Dialogfenster des Assistenten auf die Schaltfläche

[Fertig stellen]

und anschließend auf

[Schließen],

um die Konfiguration von Outlook Newsreader zu beenden.

7 Klicken Sie im nächsten Dialogfenster auf die Schaltfläche

[Nein],

um zum Programmfenster von Outlook Newsreader zurückzukehren.

Diskussionsforen abonnieren

Die Diskussionsforen arbeiten nach einem einfachen Prinzip: Wie eine Tageszeitung, die Sie täglich lesen möchten, können Sie auch Diskussionsforen abonnieren, und zwar kostenlos. Von Outlook Newsreader greifen Sie dann direkt auf Ihre abonnierten Diskussionsforen zu und stöbern durch die jeweils vorhandenen Diskussionsbeiträge.

1 Um Diskussionsgruppen zu abonnieren, klicken Sie im Fenster von Outlook Newsreader auf die Verknüpfung

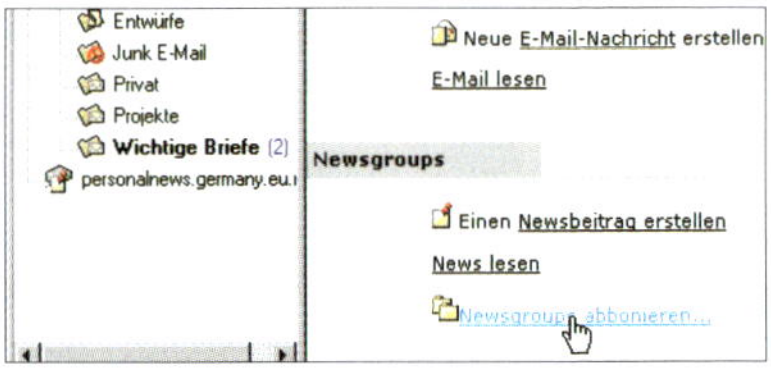

Statt dessen können Sie aber auch mit der Maus das Menü

[Extras]

und anschließend den Befehl

[Newsgroups...]

anklicken.

2 Falls Sie bislang noch kein einziges Diskussionsforum abonniert haben sollten, macht Outlook Newsreader Sie in einem Dialogfenster darauf aufmerksam. Klicken Sie in diesem Fall auf die Schaltfläche

Ja.

3 Im nachfolgenden Dialogfenster klikken Sie dann auf die Schaltfläche

Liste neu übertragen.

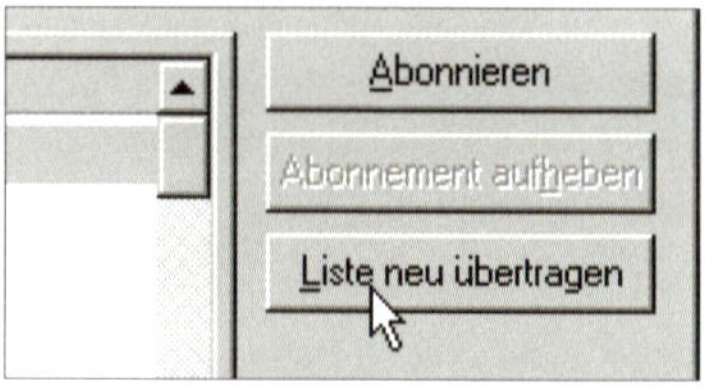
Abonnieren
Abonnement aufheben
Liste neu übertragen

4 Sollte noch keine Verbindung ins Internet bestehen, erscheint ein entsprechendes Dialogfenster. Klicken Sie auf die Schaltfläche

Verbinden,

um die Internet-Verbindung aufzubauen.

Outlook Newsreader stellt anschließend eine Verbindung zum News-Server Ihres Internet-Anbieters her und überträgt die Liste der verfügbaren Diskussionsforen. Das kann mitunter einige Minuten dauern.

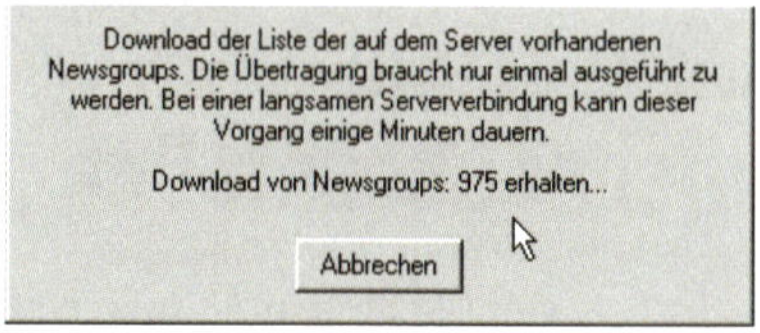
Download der Liste der auf dem Server vorhandenen Newsgroups. Die Übertragung braucht nur einmal ausgeführt zu werden. Bei einer langsamen Serververbindung kann dieser Vorgang einige Minuten dauern.
Download von Newsgroups: 975 erhalten...
Abbrechen

5 Sobald die Datenübertragung abgeschlossen ist, erscheint eine Liste aller verfügbaren Diskussionsforen.

Um ein Diskussionsforum auszuwählen, klicken Sie einfach auf den gewünschten Forumnamen, etwa auf

alt.3d.misc.

Sie können aber auch mit der Maus oder den Tasten [↑] und [↓] durch das Angebot blättern.

! Beliebte Foren

Besonders beliebt sind die *alt.*-Diskussionsforen, in denen Sie die unterschiedlichsten und bizarrsten Themengebiete finden, sowie *comp-Foren*, die sich hauptsächlich mit Computerthemen befassen. Deutsche Angebote finden Sie in den *de*-Foren; *de* steht hier für Deutschland. Anhand der Namen können Sie übrigens in den meisten Fällen sofort erkennen, worum es sich in dem Forum dreht. So befaßt sich das Forum

schule.internet.technik

erwartungsgemäß mit der Internet-Technologie in Schulen.

6 Da das Angebot in der Regel mit über 15 000 Newsgroups überwältigend ist, können Sie die Anzeige auf Diskussionsforen mit einem ganz bestimmten Inhalt beschränken.

Klicken Sie hierzu auf das obere Eingabefeld, und tragen Sie das gewünschte Schlüsselwort ein. Beim Suchbegriff

microsoft

zeigt Outlook Newsreader nur die Newsgroups, in denen das Wort *microsoft* auftaucht.

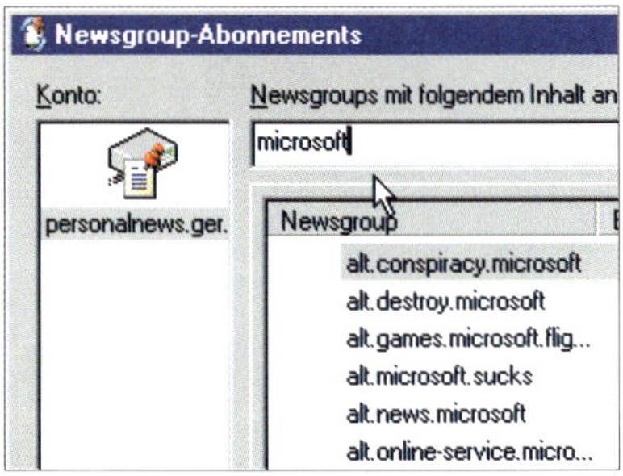

7 Wenn Sie eine Newsgroup gefunden haben, die Sie abonnieren und in Zukunft regelmäßig lesen möchten, markieren Sie sie, indem Sie auf den Newsgroup-Namen klicken. Klicken Sie anschließend auf die Schaltfläche

.

Vor dem abonnierten Diskussionsforum erscheint daraufhin ein Ordnersymbol

.

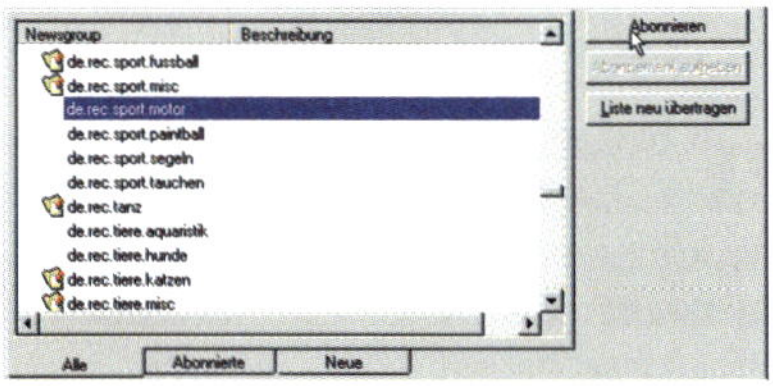

8 Wiederholen Sie dieses Verfahren, bis Sie alle gewünschten Diskussionsforen abonniert haben. Danach schließen Sie das Dialogfenster per Mausklick auf die Schaltfläche

.

Alle abonnierten Foren erscheinen anschließend in der linken Spalte des Outlook-Newsreader-Fensters.

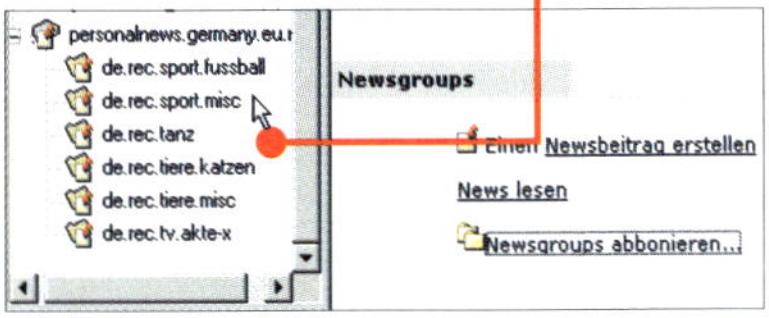

! Weniger ist mehr

Sie können so viele Newsgroups abonnieren, wie Sie möchten. Doch bedenken Sie beim Abonnieren, daß in jeder Newsgroup pro Tag etwa 20 bis 60 neue Nachrichten eingehen. Ein beliebtes Diskussionsforum wie *comp.os.ms-windows.misc* bringt es sogar auf 250 bis 300 Artikel pro Tag. Mehr als zehn Newsgroups sind einfach zuviel des Guten, optimal sind zwei bis fünf Foren.

Abonnierte Diskussionsforen wieder abbestellen

Natürlich können Sie ein Abonnement jederzeit wieder kündigen. Wenn Sie beispielsweise feststellen, daß die Nachrichten eines Forums nicht Ihren Vorstellungen entsprechen oder zu wenig Informationen bieten, können Sie das Forum problemlos abbestellen.

1 Klicken Sie im Hauptfenster von Outlook Newsreader auf die Verknüpfung Newsgroups abbonieren... oder rufen Sie im Extras-Menü den Befehl Newsgroups... auf.

2 Blenden Sie im nachfolgenden Dialogfenster die Liste der abonnierten Diskussionsforen ein, indem Sie im unteren Bereich des Fensters auf die Registerkarte Abonnierte klicken. Daraufhin erscheint eine Liste aller Foren, die Sie bislang abonniert haben.

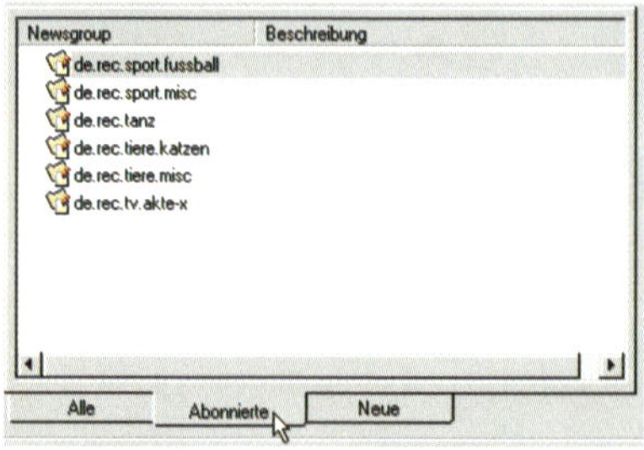

3 Um das Abonnement für ein Diskussionsforum aufzuheben, klicken Sie zunächst auf das gewünschte Forum, zum Beispiel auf de.rec.tiere.katzen. Klicken Sie anschließend auf die Schaltfläche Abonnement aufheben. Infolgedessen verschwindet das Ordnersymbol

links neben dem Forumnamen.

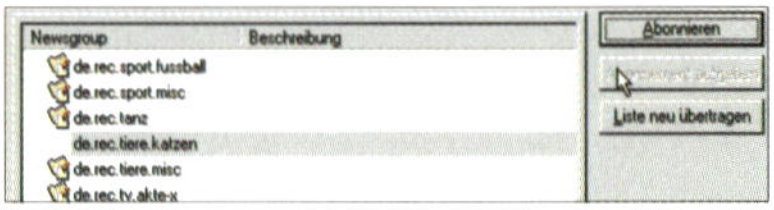

4 Wiederholen Sie den dritten Schritt, bis alle Diskussionsforen, die Sie in Zukunft nicht mehr lesen möchten, abbestellt worden sind. Am Ende klicken Sie auf die Schaltfläche OK.

In den Diskussionsforen stöbern

Was gibt's Neues in den Diskussionsforen? Um die Diskussionen der einzelnen Foren zu verfolgen und daran teilzuhaben, können Sie jederzeit einen Blick in die „schwarzen Bretter" werfen.

1 Wenn Sie sich noch nicht im Newsgroup-Bereich von Outlook Newsreader befinden, sollten Sie zunächst dorthin wechseln. Klicken Sie hierzu in der linken Spalte des Fensters auf den Namen des News-Servers (nicht auf den Namen einer Newsgroup!).

2 Im rechten Teil des Fensters erhalten Sie daraufhin eine Übersicht über alle derzeit abonnierten Diskussionsforen. Besonders praktisch: In den Spalten

und

erfahren Sie, wie viele Nachrichten gerade im Forum vorliegen und wie viele Sie davon noch nicht gelesen haben.

3 Um die Übersicht der verfügbaren und noch nicht gelesenen Nachrichten auf den neuesten Stand zu bringen, klicken Sie auf die Schaltfläche

. Outlook Newsreader stellt daraufhin – sofern notwendig – eine Verbindung zum Internet her und überträgt die aktuellen Informationen auf Ihre Festplatte. Im Statusfenster können Sie den Fortschritt der Aktualisierung verfolgen.

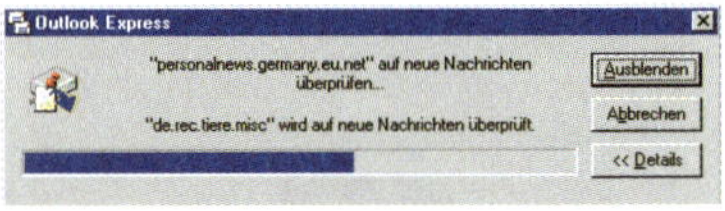

4 Um die Nachrichten eines Forums zu lesen, klicken Sie in der Liste doppelt, also zweimal kurz hintereinander, auf den gewünschten Forumnamen, etwa auf

. Ersatzweise können Sie auch in der linken Spalte des Outlook-Newsreader-Fensters einmal auf den Namen der Newsgroup klicken.

5 In der rechten Fensterhälfte blendet Outlook Newsreader eine Übersicht über alle Diskussionsbeiträge der Newsgroup ein.

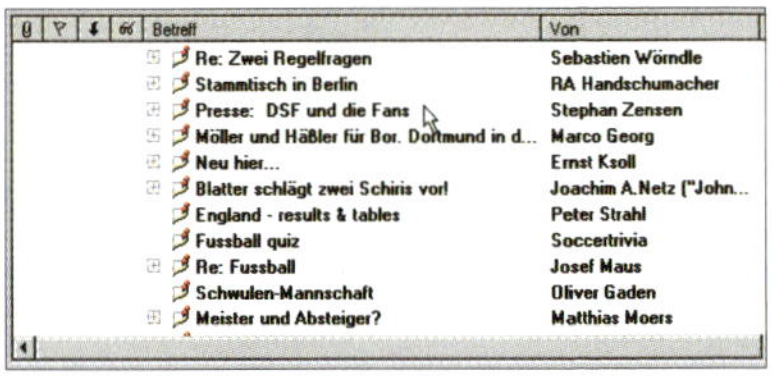

6 Mitunter ist die Liste der Diskussionsbeiträge leer. In diesem Fall sollten Sie vom News-Server Ihres Internet-Anbieters eine aktuelle Kopie der Liste anfordern. Hierzu klicken Sie auf das Menü

Extras

sowie auf den Menübefehl

Dieses Objekt synchronisieren.

Outlook Newsreader stellt nun eine Verbindung zum News-Server Ihres Internet-Anbieters her und überträgt die aktuelle Liste der Nachrichten.

7 Wenn Sie einen Diskussionsbeitrag lesen wollen, klicken Sie in der Übersicht einfach auf die gewünschte Nachricht, beispielsweise auf

Bester Verein Europas.

Sofern noch eine Telefonverbindung zum Internet besteht, erscheint der Text der Nachricht nach wenigen Sekunden im unteren Bereich des Outlook-Newsreader-Fensters.

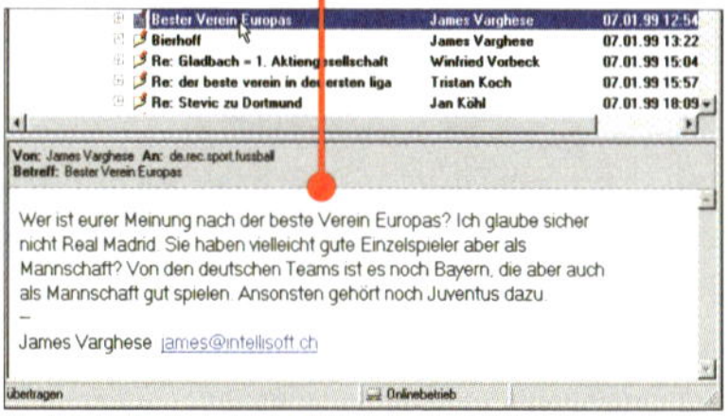

Sollte keine Internet-Verbindung bestehen, wird das Dialogfenster „DFÜ-Verbindung" eingeblendet, über das Sie sich per Mausklick auf die Schaltfläche

Verbinden

gleich mit dem Internet verbinden können. Nach wenigen Augenblicken erscheint die gewünschte Nachricht im unteren Teil des Fensters.

> **! Diskussionsfäden**
>
> Wenn vor der Nachricht ein Pluszeichen
>
> [+]
>
> zu sehen ist, handelt es sich um einen Diskussionsfaden. Hier sind Fragen und Antworten zu einem Thema zusammengefaßt. Um den Diskussionsfaden zu öffnen, klicken Sie auf das Pluszeichen
>
> [+].
>
> 
>

8 Falls Sie sich im sogenannten Offline-Betrieb befinden sollten, erscheint im unteren Teil des Fensters mitunter der Hinweis, daß die Nachricht im Offline-Betrieb nicht zur Verfügung steht.

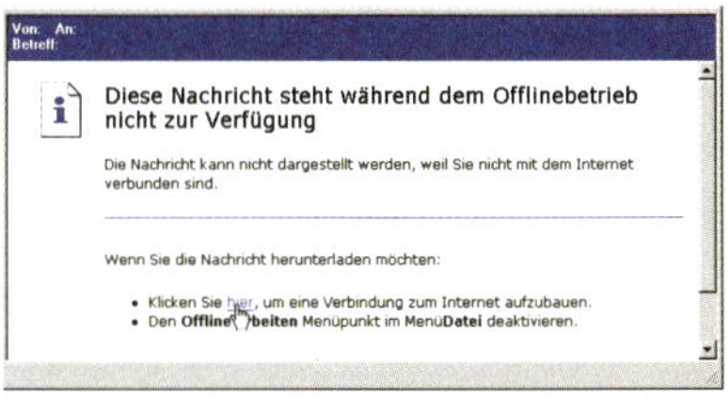

Der Hintergrund: Um Zeit und Kosten zu

sparen, überträgt Outlook Newsreader lediglich die Kopfzeilen (Betreff, Absender und Größe) der einzelnen Nachrichten. Die eigentlichen Nachrichten bleiben zunächst auf dem News-Server Ihres Internet-Anbieters liegen. Das ist sehr praktisch, denn das Übertragen der ganzen Nachrichten, einschließlich des Nachrichtentextes, würde in der Regel viel zu lange dauern und entsprechende Kosten verursachen.

Sie haben nun zwei Möglichkeiten: Zum einen können Sie eine Verbindung zum News-Server des Internet-Anbieters herstellen. Damit erhalten Sie online Zugriff auf die einzelnen Diskussionsbeiträge. Klicken Sie hierzu im unteren Bereich des Fensters auf die blaue Verknüpfung

, um das Dialogfenster „DFÜ-Verbindung“ einzublenden. Per Mausklick auf die Schaltfläche

stellen Sie anschließend die erforderliche Internet-Verbindung her. Sobald die Internet-Verbindung besteht, können Sie - wie in Schritt 7 beschrieben - durch die Diskussionsbeiträge stöbern und sie direkt lesen. Der Nachteil: Während der gesamten Sitzung wird eine Telefonverbindung zum Internet aufrecht erhalten, die Minute für Minute Geld verschlingt.

Wer Kosten sparen möchte, wählt also lieber das zweite Verfahren. Sie können nämlich auch ohne Telefonverbindung durch die Diskussionsbeiträge stöbern. Der Trick: Sie markieren zunächst die Nachrichten, die Sie später lesen möchten, und können sie dann „in einem Rutsch“ vom News-Server des Internet-Anbieters herunterladen. Auf diese Weise lassen sich die gewünschten Nachrichten auch dann lesen, wenn keine Internet-Verbindung besteht. Gehen Sie folgendermaßen vor:

9 Prüfen Sie zunächst, ob Sie sich bereits im Offline-Betrieb befinden. Das ist der Fall, wenn in der Statuszeile am unteren Fensterrand der Status

erscheint.

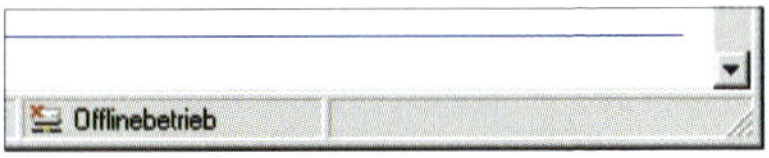

Sollte dort statt dessen der Status

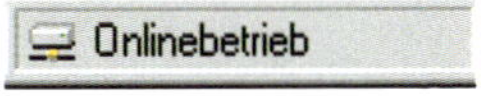

erscheinen, müssen Sie zunächst das Menü

öffnen und den Befehl

aufrufen, um in den Offline-Betrieb zu wecheln. Wenn zu diesem Zeitpunkt noch eine Internet-Verbindung besteht, schlägt der Outlook Newsreader vor, die Verbindung zu trennen.

Klicken Sie hierzu im Dialogfenster auf die Schaltfläche

Ja.

10 Klicken Sie im Outlook-Newsreader-Fenster auf die Nachricht, die Sie später lesen wollen. Danach öffnen Sie per Mausklick das Menü

Extras

und klicken auf die Befehle

Zum Übertragen markieren

sowie

Nachricht später übertragen.

Links neben der Nachricht erscheint nun ein kleiner blauer Pfeil, zum Beispiel

Gladbach.

Wiederholen Sie diesen Schritt, bis alle gewünschten Nachrichten markiert sind.

11 Öffnen Sie anschließend per Mausklick das Menü

Extras,

und klicken Sie auf den Menübefehl

Dieses Objekt synchronisieren.

Outlook Newsreader macht Sie in einem Dialogfenster noch einmal darauf aufmerksam, daß Sie sich noch im Offline-Betrieb befinden. Klicken Sie auf die Schaltfläche

Ja,

um in den Online-Betrieb zu wechseln.

12 Klicken Sie im nächsten Fenster auf die Schaltfläche

Verbinden.

Outlook Newsreader stellt jetzt eine Online-Verbindung zum Internet und zum News-Server Ihres Internet-Anbieters her und überträgt alle Nachrichtentexte der markierten Nachrichten. Sobald die Übertragung abgeschlossen ist, können Sie mit dem Befehl **Datei** und **Offlinebetrieb** wieder in den Offline-Betrieb wechseln.

13 Nun ist es möglich, die Nachrichten auch ohne Telefonverbindung zu lesen. Alle Nachrichten, die heruntergeladen wurden und offline gelesen werden können, erkennen Sie übrigens am speziellen

-Symbol. Nachrichten, die sich noch nicht im Zwischenspeicher befinden, sind mit

einem

-Symbol versehen, während bereits gelesene Nachrichten durch das Symbol

gekennzeichnet werden.

An Diskussionen teilnehmen

Wenn Sie sich an der aktuellen Diskussion aktiv beteiligen wollen, können Sie jederzeit auf bereits vorhandene Nachrichten antworten.

1 Markieren Sie zunächst die Nachricht, auf die Sie antworten möchten. Klikken Sie hierzu einfach auf den Betreff der gewünschten Nachricht.

2 Klicken Sie in der Symbolleiste auf die Schaltfläche

, oder wählen Sie im Menü

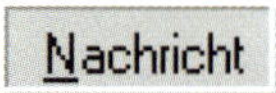

den Befehl

.

> **! Private Antworten**
>
> Falls Sie die Antwort nicht im Forum veröffentlichen möchten, sondern lieber als private E-Mail-Nachricht nur an den Verfasser der Nachricht schicken wollen, klicken Sie auf die Schaltfläche
>
> 
>
>
> oder im Menü
>
> 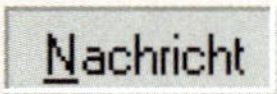
>
>
> auf den Befehl
>
> 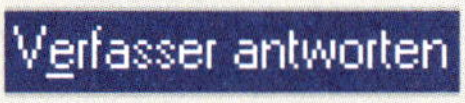
>
>
> .
> Die Antwort erscheint dann nicht in der Newsgroup, sondern erreicht den Absender lediglich als private E-Mail.

3 Nun erscheint ein neues Fenster, in dem Sie Ihre Antwort auf die Nachricht schreiben können. Im oberen Teil des Fensters ist bereits automatisch die Adresse der Newsgroup eingetragen, beispielsweise

.

Hier brauchen Sie keine Änderungen vorzunehmen.

Auch die Betreffzeile

Betreff:
Re: Bester Verein Europas

wird automatisch ausgefüllt. Hier übernimmt Outlook Newsreader den Betreff der Ursprungsnachricht und stellt ein

Re:

(für **Re**ply=Antwort) voran. Die anderen Diskussionsteilnehmer können dadurch später auf Anhieb erkennen, daß es sich um ein Antwortschreiben handelt.

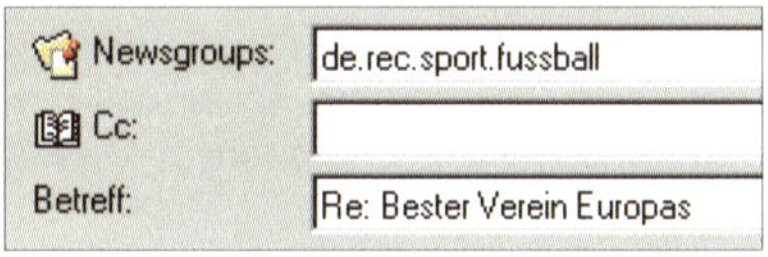
Newsgroups:
de.rec.sport.fussball
Cc:
Betreff:
Re: Bester Verein Europas

4 Das Textfeld im unteren Teil des Fensters ist ebenfalls schon mit Text gefüllt. Hier finden Sie den vollständigen Text der Ursprungsnachricht. Am linken Rand ist das „Zitat" mit einer spitzen Klammer > versehen. Der Vorteil: Die anderen Diskussionsteilnehmer wissen dank der zitierten Originalnachricht sofort, worauf sich die Antwort bezieht.

James Varghese <james@intellisoft.ch> schrieb in Nachricht
3694A059.FE127824@intellisoft.ch...///
>Wer ist eurer Meinung nach der beste Verein Europas? Ich glaube sicher
>nicht Real Madrid. Sie haben vielleicht gute Einzelspieler aber als
>Mannschaft? Von den deutschen Teams ist es noch Bayern, die aber auch
>als Mannschaft gut spielen. Ansonsten gehört noch Juventus dazu.
>--
>James Varghese james@intellisoft.ch

5 Oberhalb des Zitats können Sie Ihre eigene Antwort auf die Nachricht verfassen. Klicken Sie hierzu oberhalb des Zitats auf eine freie weiße Fläche, so daß dort die blinkende Einfügemarke erscheint.

James Varghese <james@intellisoft.ch> schrieb i
3694A059.FE127824@intellisoft.ch...///

6 Tippen Sie anschließend den gewünschten Antworttext ein. Sobald Sie das Antwortschreiben fertig haben, können Sie es auf die Reise schicken. Klicken Sie hierzu in der Symbolleiste auf die erste Schaltfläche

Senden

.

Re: Bester Verein Europas
Datei
Bearbeiten
Ansicht
Einfügen
Format
Nachrich
Senden
Ausschneid...
Kopieren
Einfügen
Rüc
Newsgroups:
de.rec.sport.fussball
Cc:
Betreff:
Re: Bester Verein Europas
Meiner meiner Meinung nach ist
Manchester United die beste Mannschaft
Europas.
Viele Grüße,
Mirko

7 Die Nachricht geht noch nicht sofort auf die Reise, sondern landet zunächst im Postausgang von Outlook Newsreader. Bestätigen Sie gegebenenfalls das nachfolgende Dialogfenster mit

OK

.

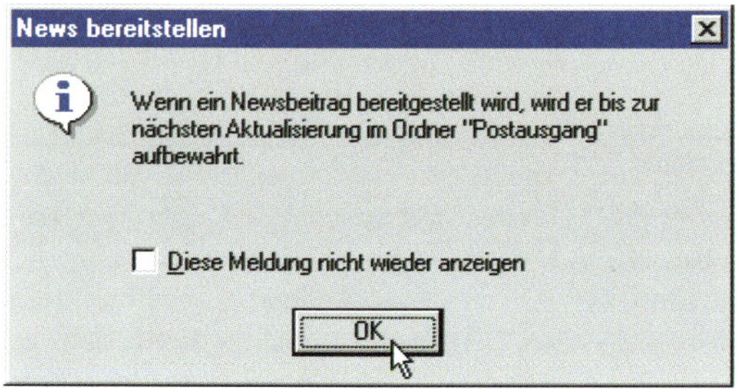

Wenn Sie auf sehr viele Nachrichten antworten möchten, können Sie auf diese Weise Telefonkosten sparen. Sie sammeln praktisch zunächst alle Antworten im Postausgang, um sie später „in einem Rutsch" an den News-Server Ihres Internet-Anbieters zu schicken.

8 Sobald Sie alle Antworten im Postausgang zwischengespeichert haben, können Sie sie auf die Reise schicken. Hierzu klicken Sie auf das Menü

sowie auf die Menübefehle

und 

.

Outlook Newsreader stellt anschließend eine Verbindung zum Internet sowie zu Ihrem Internet-Anbieter her und verschickt alle Nachrichten, die in Ihrem Postausgang auf das Versenden warten.

Eine neue Diskussion beginnen

Sie können nicht nur auf bereits bestehende Diskussionsbeiträge antworten, sondern auch selbst eine neue Diskussion mit neuem Thema anregen.

1 Wechseln Sie zunächst zum Diskussionsforum, in dem Sie eine neue Diskussion beginnen möchten. Hierzu klicken Sie in der linken Spalte des Programmfensters auf den Namen der Newsgroup.

2 Wenn Sie eine neue Nachricht verfassen wollen, klicken Sie entweder auf die Schaltfläche

,

oder Sie rufen im Menü

den Befehl

Neue Nachricht

auf.

3 Outlook Newsreader öffnet nun ein weiteres Fenster, in dem Sie die neue Nachricht für das Diskussionsforum schreiben können. Die blinkende Einfügemarke befindet sich automatisch im Feld

Betreff: .

Geben Sie hier den Titel des Diskussionsbeitrags ein, etwa

Neues Bayern-Stadion .

Der Titel sollte recht aussagekräftig sein, da das der erste Teil einer Nachricht ist, den der Empfänger liest.

4 Klicken Sie auf den unteren Eingabebereich des Fensters, und tippen Sie den gewünschten Nachrichtentext ein.

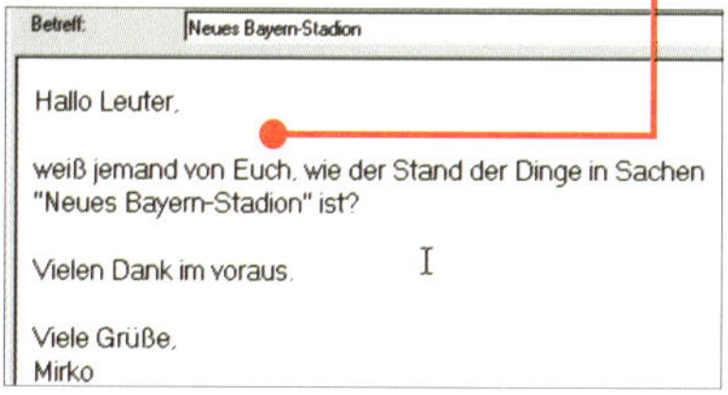
Betreff:
Neues Bayern-Stadion
Hallo Leuter,
weiß jemand von Euch, wie der Stand der Dinge in Sachen "Neues Bayern-Stadion" ist?
Vielen Dank im voraus.
Viele Grüße,
Mirko

5 Sobald Sie damit fertig sind, können Sie die Nachricht verschicken. Klicken Sie hierzu auf die Schaltfläche

Senden

Sofern Sie sich nicht im Offline-Betrieb befinden, stellt Outlook Newsreader daraufhin eine Verbindung zum Internet sowie zum News-Server Ihres Internet-Anbieters her und schickt Ihre Nachricht auf die Reise. Abschließend erscheint das Dialogfenster

News bereitstellen,

das Sie mit einem Mausklick auf

OK

schließen können.

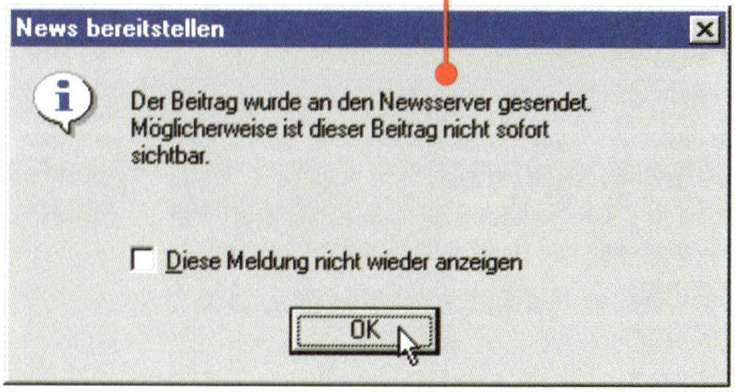
News bereitstellen
Der Beitrag wurde an den Newsserver gesendet. Möglicherweise ist dieser Beitrag nicht sofort sichtbar.
Diese Meldung nicht wieder anzeigen
OK

Wenn Sie sich hingegen im Offline-Betrieb befinden, landet die neue Nachricht zunächst im Postausgang von Outlook Newsreader. Um die Nachrichten im Postausgang auf die Reise zu schicken, klikken Sie auf das Menü

Extras

sowie auf den Menübefehl

Senden und empfangen

und anschließend auf

Alle senden.

Was ist eigentlich ...

Abonnieren

Mit dem Internet Explorer können Sie Seiten abonnieren. Der Internet Explorer überwacht in regelmäßigen Abständen die abonnierten Seiten und informiert Sie über Änderungen. Auf diese Weise bleiben Sie bei allen abonnierten Seiten stets auf dem laufenden.

Adresse

→ *Internet-Adresse*

Arbeitsspeicher

Jeder Computer verfügt neben dem Festplatten-Speicher über einen besonders schnellen Arbeitsspeicher. Hier legt der PC Daten ab, die Sie gerade bearbeiten oder besonders häufig benötigen. Sobald Sie den Computer ausschalten, geht der Inhalt des Arbeitsspeichers verloren. Wichtige Daten, die Sie beim nächsten Start wieder brauchen, speichert der Computer daher auf die → *Festplatte*. Handelsübliche Computer haben zwischen 16 und 64 → *MegaByte* Arbeitsspeicher.

Bandbreite

Die Bandbreite bestimmt, wie viele Daten über Ihre Telefonleitung wandern können. Wenn Sie mit einem Modem mit einer Geschwindigkeit von 56 600 Bits pro Sekunde eine Telefonverbindung aufbauen, können Sie pro Sekunde maximal 56 600 Bits empfangen.

Was ist eigentlich ...

Bildlauffeld

Das Bildlauffeld ist das kleine graue Kästchen innerhalb der → *Bildlaufleiste*. Sie können das Bildlauffeld mit gedrückter Maustaste verschieben und dadurch den Fensterausschnitt verändern.

Bildlaufleiste

Eine horizontale oder vertikale Leiste am unteren beziehungsweise rechten Rand des Fensters. Sie erscheint immer dann, wenn der Inhalt einer Seite nicht ganz in das Fenster paßt. Über die Bildlaufleiste können Sie den Ausschnitt beliebig verschieben, indem Sie auf die kleinen Pfeilschaltflächen klicken.

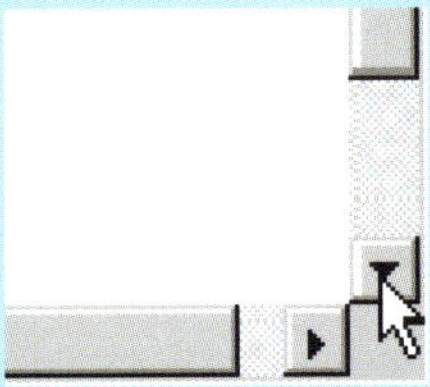

Browser

Alle Programme, mit denen Sie → *World-Wide-Web*-Seiten darstellen können, werden auch Browser genannt. Hierzu gehört beispielsweise der Netscape Navigator oder der Internet Explorer von Microsoft.

Was ist eigentlich ...

Byte

→ *MegaByte*

Cache-Speicher

Der Cache-Speicher (gesprochen: *Käsch*) ist praktisch das Langzeitgedächtnis des Internet Explorers. Hier speichert das Programm alle Texte und Grafiken der bereits besuchten Seiten. Sobald Sie sich eine Seite noch einmal ansehen wollen, kann der Internet Explorer die Daten direkt aus dem schnellen Cache-Speicher laden, anstatt sie über die Telefonleitung aus dem Internet zu laden.

DFÜ-Netzwerk

Das DFÜ-Netzwerk ist ein spezieller Systembereich des Betriebssystems Windows. Es ermöglicht den Zugang zum Internet mit Hilfe eines angeschlossenen → *Modems.*

Dialogfenster

Jedes Programm blendet von Zeit zu Zeit ein Fenster ein, in dem Sie sozusagen zu einem Dialog aufgefordert werden. In den meisten Fällen können Sie in einem Dialogfenster unterschiedliche Optionen und Einstellungen vornehmen oder eine bestimmte Auswahl treffen. Um die vorgenommenen Einstellungen wirksam werden zu lassen, klicken Sie im Dialogfenster auf die Schaltfläche [OK].

Wenn Sie dagegen alle Änderungen im Dialogfenster wieder rückgängig machen wollen, klicken Sie auf die Schaltfläche [Abbrechen].

DNS-Server

→ *Namensserver*

Elektronische Nachrichten

Wenn Sie über eine eigene → *E-Mail-Adresse* verfügen, können Sie anderen Internet-Teilnehmern Textnachrichten zukommen lassen. Die Nachricht ist innerhalb weniger Sekunden beim Empfänger.

E-Mail-Adresse

Nahezu jeder Teilnehmer am weltweiten Internet verfügt über eine eigene E-Mail-Adresse. Wenn Sie die E-Mail-Adresse eines Internet-Teilnehmers kennen, können Sie ihm einen elektronischen Brief schreiben. Die E-Mail-Adresse ähnelt im Prinzip der klassischen Postadresse, die ebenfalls weltweit einmalig ist. Die E-Mail-Adresse ist jedoch wesentlich kürzer als eine Postadresse; sie weist stets das Format *name@domain.xyz* auf, zum Beispiel *mirko@metronet.de.* Das @-Zeichen wird übrigens *Ät* gesprochen. Per Tastatur erzeugen Sie das @-Zeichen mit Hilfe der Tastenkombination [Alt Gr][Q].

Favoriten

Mit Hilfe der Favoritenliste können Sie sich die Adressen Ihrer Lieblingsseiten

Was ist eigentlich ...

merken. Sie plazieren einfach ein digitales „Lesezeichen“ auf die Seite, die Sie später noch einmal besuchen möchten. Sie brauchen dann nur noch den Favoritennamen aufzurufen, um zur gewünschten Seite zu gelangen. Mit dem Internet Explorer können Sie beliebig viele Favoriteneinträge festlegen.

Festplatte

Damit Ihre Daten beim Ausschalten des Computers nicht verlorengehen, werden diese auf die Festplatte gespeichert. Auf der Festplatte Ihres Computers sind beispielsweise das Betriebssystem Windows und die Programme des Internet Explorers gespeichert.

Frames

→ *Rahmen*

Homepage

Die erste Seite eines World-Wide-Web-Angebots wird „Homepage“ oder „Startseite“ genannt.

Hyperlink

Ein Hyperlink ist eine Verknüpfung innerhalb einer World-Wide-Web-Seite zu einer anderen World-Wide-Web-Seite. Im Text einer Web-Seite sind Hyperlinks meist blau und unterstrichen. Wenn Sie mit der linken Maustaste auf einen Hyperlink klicken, „springen“ Sie praktisch zu der Seite, zu der der Hyperlink führt.

Was ist eigentlich ...

Internet

Das Internet ist der weltweit größte Verbund von miteinander vernetzten Computern. Im Internet sind mehrere Millionen Computer mittels Telefonleitung, Standleitung oder Netzwerkkabel miteinander verbunden. Täglich kommen weitere Computer hinzu. Wie viele Computer exakt im Internet angebunden sind, läßt sich nicht genau sagen, da es keine zentrale Kontrollinstanz gibt, die über das Internet wacht.

Internet-Adresse

Damit Sie eine der über 70 Millionen Internet-Seiten aufrufen können, verfügt jede Seite über eine individuelle und weltweit einmalige Internet-Adresse, ähnlich Ihrer persönlichen Postadresse. Jede Internet-Adresse beginnt mit http://, gefolgt von der eigentlichen Adresse, beispielsweise http://www.kostenlos.de für eine Seite, die sich mit kostenlosen Schnäppchen befaßt. Die Seite der Firma Microsoft verfügt über die Adresse http://www.microsoft.de.

Internet-Anbieter

Der Internet-Anbieter ermöglicht Ihrem Computer den Zugang zum weltweiten Internet. Für eine monatliche Pauschale oder eine zeitabhängige Gebühr – zum Beispiel 3 Mark pro Stunde – können Sie sich via → *Modem* in den Computer des Internet-Anbieters

Was ist eigentlich ...

einwählen und dann im World Wide Web stöbern.

Intranet

Ein Intranet ist ein lokales Netzwerk, das auf Internet-Technologie beruht. Es ist praktisch ein kleines, geschlossenes Internet innerhalb einer Firma, auf das allerdings nur firmenintern vernetzte Computer Zugriff haben.

IP-Adresse

Um auf die über 30 Millionen Computer des Internets zugreifen zu können, hat jeder Computer eine eindeutige und weltweit einmalige IP-Adresse. Die Adresse setzt sich aus vier Zahlen zusammen, die durch Punkte voneinander getrennt sind, beispielsweise 194.123.132.122.

ISDN

ISDN ist die Abkürzung für Integrated Services Digital Network, das digitale Telefonnetz der Deutschen Telekom AG. ISDN ermöglicht Telefonate mit hoher Qualität und Datenübertragung mit hohen Geschwindigkeiten. Im ISDN können Sie pro Kanal Daten mit einer Geschwindigkeit von bis zu 64 000 Bit pro Sekunde übertragen. Bei der gleichzeitigen Verwendung von zwei Kanälen verdoppelt sich die Übertragungsgeschwindigkeit auf 128 000 Bit pro Sekunde.

KiloByte

→ *MegaByte*

Was ist eigentlich ...

Kontextmenü

Das Kontextmenü ist eine spezielle Menüform von Windows. Es erscheint immer dann, wenn Sie mit der rechten(!) Maustaste auf einen Bildschirmbereich klicken. Rechts neben der Maustaste erscheint dann ein Menü mit Befehlen, die mit dem angeklickten Element im Zusammenhang (im Kontext) stehen. Wenn Sie etwa im Internet Explorer eine Verknüpfung mit der rechten(!) Maustaste anklicken, können Sie die Verknüpfung über die Befehle des Kontextmenüs zum Beispiel drucken oder in einem anderen Fenster öffnen.

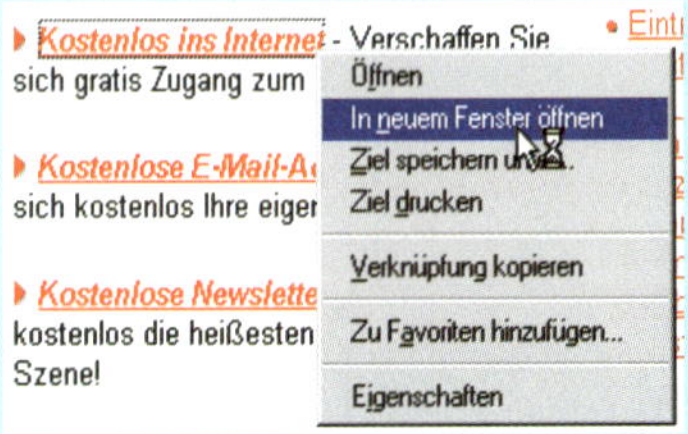

Kontrollkästchen

In zahlreichen → *Dialogfenstern* können Sie mit Hilfe der Kontrollkästchen eine Einstellung ein- oder ausschalten. Sie brauchen lediglich auf das Kontrollkästchen zu klicken, um es mit einem Häkchen zu versehen (eingeschaltet) oder das Häkchen zu entfernen (ausgeschaltet).

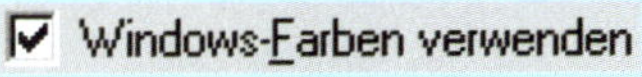

Link

→ *Verknüpfung*

Was ist eigentlich …

Listenfeld

In zahlreichen → *Dialogfenstern* haben Sie die Möglichkeit, mit dem Listenfeld eine Auswahl zu treffen. Hier können Sie beispielsweise einen Dateinamen oder einen Ordnernamen auswählen. Sie öffnen das Listenfeld, indem Sie mit der linken Maustaste auf den nach unten weisenden Pfeil des Listenfelds klicken. Anschließend können Sie auf den Listeneintrag klicken, den Sie auswählen wollen.

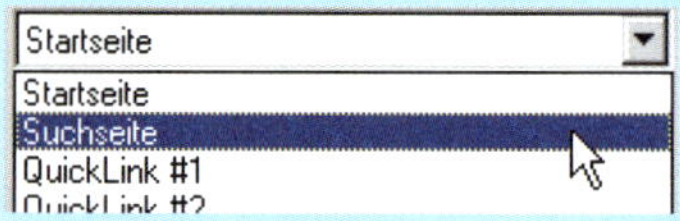

MegaByte

Eine Größenordnung für Speicherplatz. Jedes Zeichen im Computer benötigt 1 Byte Speicherplatz. 1000 Byte werden ein KiloByte (KB) genannt und 1000 KiloByte – also 1 000 000 Byte – sind ein MegaByte (MB). In 10 MegaByte Speicherplatz kann der Computer demzufolge 10 000 000 Zeichen speichern.

Modem

Modem ist die Abkürzung für **Mo**dulator/**Dem**odulator, ein spezielles Gerät zur Datenübertragung über die normale Telefonleitung. Das Modem ist an den PC sowie an die Telefondose angeschlossen und wandelt die digitalen Daten des Computers in analoge Signale um, die dann über die Telefonleitung verschickt werden.

Was ist eigentlich …

Das Modem ist somit eines der wichtigsten Geräte, um im World Wide Web zu „surfen".

Namensserver

Im Internet hat jeder Computer eine eigene Nummer, etwa 194.123.120.12. Damit Sie sich keine Nummern, sondern nur Namen merken müssen, erhält jeder Computer zusätzliche eine → *Internet-Adresse*, zum Beispiel www.kostenlos.de. Der Namensserver hat nun die Aufgabe, aus dem Namen wieder die Nummer des Computers zu ermitteln.

Newsgroup

Eine Newsgroup ist eine Art digitales „schwarzes Brett", an das jeder Internet-Teilnehmer Nachrichten „heften" kann. Sie können auf die Nachricht antworten oder eine neue Diskussion beginnen. Weltweit existieren über 15 000 verschiedene Newsgroups zu den unterschiedlichsten Themen.

Offline

Ohne Telefonverbindung

Option/Optionsfeld

In den meisten Dialogfenstern können Sie in Optionsfeldern eine von mehreren verfügbaren Optionen (Einstellungen) auswählen. In einem Optionsfeld kann immer nur eine einzige der verfügbaren Optionen aktiv sein. Welche Option gerade ausgewählt ist, erkennen Sie an dem schwarzen Punkt links neben der

Was ist eigentlich ...

Option. Um eine andere Option auszuwählen, klicken Sie einfach auf das jeweilige runde Feld links neben der Option.

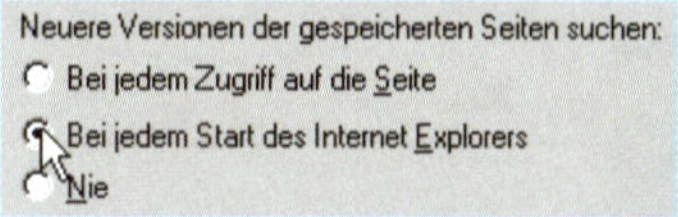

POP3-Server
Ein spezieller Computer des Internet-Anbieters, über den Sie → *E-Mails* abholen können.

Provider
→ *Internet-Anbieter*

Rahmen
Einige World-Wide-Web-Seiten sind in Rahmen, voneinander unabhängige Bildbereiche, aufgeteilt. Ein Rahmen kann links beispielsweise das Inhaltsverzeichnis einer Seite enthalten, das sich niemals verändert, während im rechten Rahmen unterschiedliche Informationen eingeblendet werden. Das hängt ganz davon ab, auf welche Überschrift des Inhaltsverzeichnisses Sie klicken. Ein schönes Beispiel für Rahmen ist die Seite der BILD-Zeitung (Adresse: http://www.bild.de)

SMTP-Server
Ein spezieller Computer Ihres Internet-Anbieters, über den Sie → *E-Mails* an andere Internet-Anwender verschicken können.

Was ist eigentlich ...

Startseite
Die Startseite ist die erste Internet-Seite, die beim Start des Internet Explorers aufgerufen wird. In der Regel ist dies die Internet-Seite http://www.msn.de.

Suchdienst
Ein Internet-Anbieter, der sich darauf spezialisiert hat, bestimmte Inhalte im World Wide Web ausfindig zu machen. Sie können kostenlos in der Datenbank des Suchdienstes nach bestimmten Web-Seiten suchen.

Symbolleiste
Die Symbolleiste eines Programms befindet sich in der Regel am oberen Rand des Programmfensters. Hier finden Sie verschiedene Schaltflächen, hinter denen sich unterschiedliche Befehle verbergen. Zumeist handelt es sich dabei um die Befehle, die Sie am häufigsten benötigen. Ein Mausklick auf eine Schaltfläche genügt, um den jeweiligen Befehl auszuführen.

Task-Leiste
Die Symbolleiste von Windows am unteren Bildschirmrand. Am linken Rand der Task-Leiste befindet sich die

-Schaltfläche.

TCP/IP-Protokoll
Damit sich die über 30 Millionen Computer, die im Internet verbunden sind, miteinander „unterhalten" können,

Was ist eigentlich ...

ist ein Protokoll nötig. Das Protokoll schnürt die Informationen zu kleinen Datenpaketen zusammen und schickt sie durch das Netz. Im Internet kommt das TCP/IP-Protokoll (Transmission Control Protocol/Internet Protocol) zum Einsatz.

Verbindungsmanager
Ein spezielles Programm, das bei Bedarf vollautomatisch die Verbindung zum Internet herstellt.

Verknüpfung
→ *Hyperlink*

Verlaufsordner
Im Verlaufsordner speichert der Internet Explorer die Adressen aller Seiten, die Sie in den letzten 20 Tagen aufgesucht haben. Somit ist es ein leichtes, einer „alten" Seite einen erneuten Besuch abzustatten.

Vollbildmodus
Im Vollbildmodus, den Sie mit der Taste F11 ein- und auch wieder ausschalten

Was ist eigentlich ...

können, nutzt der Internet Explorer den ganzen Bildschirm. Statusleiste, Menüzeile und Fensterrahmen werden ausgeblendet.

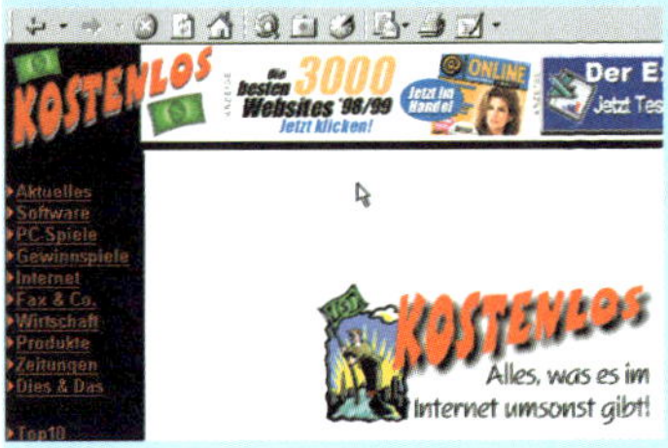

World Wide Web
Das World Wide Web ist ein Teilbereich des weltweiten Internets. Es gibt mehrere Millionen World-Wide-Web-Seiten, auf denen die unterschiedlichsten Informationen zu finden sind. Zur Darstellung der World-Wide-Web-Seiten benötigen Sie einen sogenannten Browser, beispielsweise den Internet Explorer.

Stichwortverzeichnis

Ein »Jules-Verne-Abenteuer« im Cyberspace

Josef Nyáry
Die Psychonauten
Roman, 632 Seiten
gebunden, DM 48,–
ISBN 3-550-08280-0

Vom Autor der Bestseller Lugal und Amazonien

Die Psychonauten ist der Roman eines Zeitalters, das nicht mehr lange auf sich warten lassen wird: Ein spannender, mit ungeheurer Phantasie erdachter Abenteuerroman über die weiteste Reise, die ein Mensch machen kann – in das eigene Ich.

Endlich Neues von Michael 'Zapped' Mittermeier, Deutschlands beliebtestem Komiker, Basecap-Träger und TV-Experten: sein persönliches Handbuch für TV-Junkies und alle, die es werden wollen.
'Ein komödiantischer Amoklauf des Comedy Rock'n'Rollers durch die vollen Kanäle des kleinen Kastens mit der großen Röhre.'
TIP, BERLIN
Michael Mittermeier
IM RAUSCH DER KANÄLE
Ein Handbuch für TV-Junkies
Michael Mittermeier
Im Rausch der Kanäle
Ein Handbuch für TV-Junkies
Mit Gudrun Allwang
und Thomas Hermanns
176 Seiten
DM 19,90/öS 145,–/sFr 19,–
ISBN 3-548-36208-7
fun Factory

Lektorat: Susanne Kranz
Umschlaggestaltung: Volkmar Schwengle/BuW, Berlin
Foto: Bavaria
Satz: LVD GmbH, Berlin
Druck und Weiterverarbeitung: Ebner Ulm
Printed in Germany
ISBN 3-548-41132-0

Gedruckt auf alterungsbeständigem Papier
mit chlorfrei gebleichtem Zellstoff

Die Deutsche Bibliothek – CIP-Einheitsaufnahme

Internet Explorer 5 – Schritt für Schritt ins Internet /
Prinz & Müller. –
Berlin: Ullstein, 1999 (ComputerBild)
ISBN 3-548-41132-0